ずっとキレイが続く

7分の夜かたづけ

これは、すごい効果です！

Katsumi Hirosawa
広沢かつみ

青春出版社

はじめに

夜が変われば朝が変わり、すべてが変わる

目覚めたときに見える風景がスッキリしていると爽やかな気持ちになります。今まで散らかっていたなら朝の風景がとても贅沢に思えます。

逆に、目が覚めた瞬間から散らかっている風景を見ると、起きたばかりなのにがっかりしませんか。

起き上がって、キッチンやリビングに行くと片づいてキレイ。すると「朝が気持ちいい」と感じ、1日の始まりを余裕で迎えられて、心にゆとりもできます。つまり、キレイな部屋には1日を心穏やかに過ごせる威力があるのです！

あなたは、毎日、朝をどんな風に感じていますか？

「朝を制する者は1日を制する」または「人生を制する」とまで言われていますが、

あなたは朝の時間帯にゆとりを持って過ごせていますか？

わかってはいるけれど、片づけはそう簡単にできるものじゃないと思う方も多いでしょう。

そして、今度の休みに片づけよう、まとまった時間がとれたときに片づけようと、ずっと片づけを先延ばしにしてはいませんか？

片づけなくても日常生活は送ることができるから、ついつい後回しにしてしまう。「明日から」「週末になったら」「連休には」と。しかし、いざその日が来ると違う予定が入っている。または、たまの休みだからゆっくりしよう、と結局、片づけに着手しない……。

そんなこんなで気づけばもう何年も経過している、という人も少なくないのではないでしょうか。それなら、一気にまとめてやる（できる）という妄想は捨てて、日々の夜に、空いた時間を活用してちょこちょこと片づけていく。

まずは、朝起きてからスムーズに支度ができるように、夜に「ちょい片づけ」を実践してみてください。

さて、あなたは朝早く起きて活動することは得意ですか？

私は、眠りが浅いため朝が弱く、1分でも1秒でも長く布団に入っていたいタイプです。けれど、ギリギリまで寝ていると朝の支度が追われるように大変になります。

そこで、夜はダラダラと起きているので、そのダラダラとした時間、つまり就寝前に、朝にすることのできる限りをやっておくようにしています。小学生が前の晩に翌日の時間割を見て、教科書や道具を用意してから寝る、これと同じ考え方で動いています。

何度も朝型に変えてみようと試みたことはありますが、やっぱり早起きは不得手。それなら、夜型で活動的なライフスタイルを作ろう！　と。そうしたことで、長年片づけや家事がうまく回っています。つまり私は「夜タイプ」で、夜に活動するほうが向いているのです。

この本は、朝が苦手という方、片づけの持続力がないという方に向いています。朝活が得意な人は、時間の有効活用ができているでしょうから、早起きをして朝からあれやこれやをするなんてムリ！　という方に、ぜひ読んでみていただきたいのです。

また、翌朝のための行動のほかにプラスアルファの「ちょい片づけ」で気がつけば家の中がスッキリとなっていく。まさに「小さなことからコツコツと」作戦です。

68の項目があります。この項目を順にでも、どこからでもいいですから、自分にできそうなことをまずは1つから始めて、できるようになったら2つ目へ、と増やしていきます。すると、気がつけば朝からスムーズに活動ができ、家の中もなんだかスッキリとしている。さらに、それが当たり前のように習慣になっているはずです。

習慣になれば、あとは何も考えずに体が自然と夜のちょい片づけをしているから、頑張る必要はなくなります。


夜は疲れて何もしたくない、だから「片づけ」なんて、と思うかもしれません。では、いつならできるのですか?

疲れている、ダラダラしていたい気持ちもわかりますが、1日のうちのせめて「7分」程度を片づけタイムとして意識してみませんか。1440分のうちの7分です。1日の約200分の1のわずかな時間ですよ! SNSをチェックしていたらあっという間に10分なんか過ぎています。

まずは「7分」から。テレビなら番組と番組の間にあるCMと天気予報で約7分程度。好きな音楽なら2曲くらい。テレビの合間に好きな曲を口ずさむ間に、頑張らない感じの時間です。その空き時間をだまされたと思ってでも活用してみてください。寝る前までの時間の隙間から朝が変わりますよ！

そして、「明日から」「来週から」と思わず、今日から！

「あれ？　もう7分」と思えたら、苦にならないので続きます。

成功のコツは「素直に試してみる」につきます。さあ、始めてみましょう。

あなたは夜タイプ？　朝タイプ？

夜タイプ

- □ 夜遅くまで起きているのは平気
- □ 特に用事はないが惰性で起きている
- □ 夜のほうが何かと時間を作りやすい
- □ 朝は１分でも長く布団に入っていたい
- □ 朝は寝覚めが悪い
- □ 夕方以降からエンジンがかかりだす
- □ 目覚めてから体が動くのに時間を要する

朝タイプ

- □ 朝は活動的である
- □ 朝からモリモリ食べられる
- □ 夜に動くのは億劫だ
- □ ぱっちりと目が覚める
- □ 早起きは苦にならない
- □ 夜はすぐに眠くなり、夜更かしができない
- □ 子どもを寝かしつけて、自分も寝てしまう

『ずっとキレイが続く　7分の夜かたづけ』

目次

第1章
毎日の暮らしがうまくいく、「夜かたづけ」のコツ

第2章

小さな〝かたづけ〟習慣で、自然とキレイになっていく
〜7分でいいから、やってみよう！……83

第3章
忙しくてもできる！スキマ時間の見つけ方・つくり方
～気づかなかった、ムダ時間がある

第5章 心地よくするマインド・習慣づくり
～部屋は自分の心をあらわす鏡です～

カバー写真　Africa Studio / shutterstock.com
本文イラスト　Eriy
本文デザイン　浦郷和美
本文ＤＴＰ　森の印刷屋
編集協力　糸井浩

序　章

すべてがスムーズな１日は、夜から始めなさい

昨日までとは違う朝になる！　夜かたづけのススメ

朝の出がけに何か探し物をして予定の時間に家を出られず、遅くなって慌《あわ》てる、信号にひっかかって焦《あせ》る、誰かが改札でモタモタしていて「何をやっているの」と見知らぬ人に対して腹が立つ……何もかもがイライラの元。そのまま仕事や習い事などに行っても気分の調整はなかなかできず、周囲との人間関係もギクシャク。うまくいかないときは、何もかもがうまく回りません。

目の前で電車やバスに置いていかれる、エレベーターに乗り損ねて次がなかなか来ない。「あと5分早く着いたら化粧直しができたのに。トイレも行けたのに……」など、出だしが悪いとず～っと1日がタイミングの悪いスパイラルに陥る経験、ありますよね。

では、朝がスムーズだったら、どうでしょう?

お化粧も洋服のコーディネートもばっちり。朝食も盛り付けをキレイにしてゆったりととる。コーヒータイムまでもしっかりとれて、ゆとりを持って家を出る。ゆとりがあるから、信号待ちの間に空を見上げたり、花が咲いているのを見つけたり。電車やバスに誰かが先に乗り込もうとしたときも、ためらいなく譲ってあげられますね。

その良いリズムの流れで職場へ、カルチャーセンターへ行く。笑顔で周囲の人と接することができる。周りもあなたに微笑みかける。穏やかな1日ですね。

前者と後者の毎日が1年後、数年後、どうなっているでしょう。性格や周囲との関係性も大きな差になっていると考えられませんか？　**時間に余裕があるかないか、その毎日の積み重ねで大きく言えば人生が変わってくる**のです。

あなたの朝は、余裕のある毎日ですか？

それとも、あっという間の嵐のように過ぎる毎日ですか？

朝、いちばんイライラすることはなんでしょう？

または、その原因になることは？

多くの人は、朝に行動する時間が不足しています。少しでも時間と心にゆとりを持てるように夜のうちにできることをしておくことで、朝だけではなく、1日が心地よい時間に変化していくでしょう。

朝からドタバタしていると……

とにかく時間がないから、
あわてて外出

バスや電車に乗り遅れることも
しばしば…

帰宅後にやるのは、朝食の片づけから！？

夜は夜でごろごろ…そして、また
翌朝に…。
この繰り返しで毎日が過ぎていく

朝から気持ちよく過ごせると…

すっきりしたキッチンで、
スムーズに朝食づくり

テーブルの上はすぐに使えます

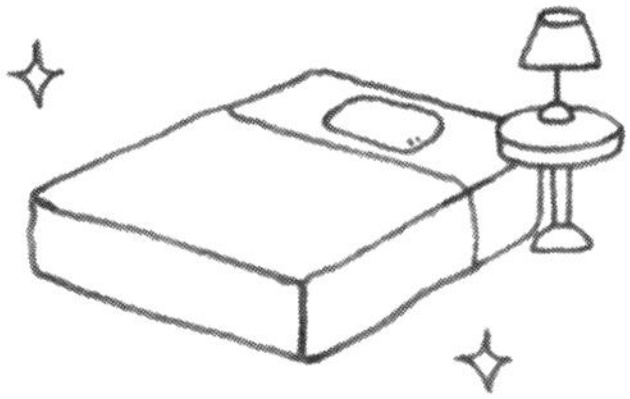

寝室も心地いい空間に…

余裕のある毎日が過ぎていきます

テーブルの上を片づけてから寝る

テーブルの上、何かが置きっぱなし、開きっぱなしになったまま寝ていませんか？常にテーブルの上に当たり前のように物がありませんか？

食事をするときなど、まずテーブルの上の物をよけてからじゃないと配膳できなくなっていませんか？

私の机の上は、日ごろ何らかの書類や書籍、辞書などが載っていますが、出張の前には机の上に何も置かないようにして出発します。すると、夜遅く帰宅しても疲れがとれるほど気持ちがよいものです。

ソファやテーブルの上に物があるだけでリビングはとても散らかって見えます。寝る前に、ソファとテーブルの上にある物を片づけるクセをつけてみてください。

寝る直前にちょっとだけ片づけを実践してみましょう。

「さあ、寝るか」と思い、いつもならそのまま電気を消してベッドに入る。その寝ようと思ったときに、ベッドへ直行せず、ちょっとダイニングテーブル、センターテーブルの上に載っている物を片づけてから電気を消すクセをつけるのです。

テーブルの上にある新聞や雑誌を古紙入れに、リモコンは決まった場所に。その他置いてある物は、戻す場所が決まっていなければ、とりあえずのカゴやケースなどに入れてしまいます。テーブルの上に何も載っていないことを確認してから、消灯してベッドへ向かってください。

テーブルは表面積が大きいので視界に入ると散らかっている、散らかっていない、の印象を大きく左右します。

寝る前にテーブル上に何も置かないように片づけると、朝起きたときに「家がキレイ」と思えます。朝食を並べるときもスムーズにできます。スッキリしていれば、気持ちよく、今日も1日を頑張ろう！　と思えますよ。

ソファ、椅子の上の衣服をしまう

私が片づけに伺うお宅のほとんどで、ソファやダイニングなどの椅子の背もたれに衣服が掛けておいてあります。あなたのおうちはどうでしょうか？

衣服があちこちに掛かっているだけで、見た目の散らかり度はかなりアップします。そこで、寝る前にこれらの衣服を**本来しまう場所に戻してほしい**のです。

洗濯する衣服は、洗濯カゴに入れる。また着る衣服は、ハンガーに掛けておく。ストールや手袋などの小物も戻す。ほんのわずかな時間でできることです。何着もためてしまうと戻すのも面倒になるため、ためないように夜にその日の分だけ掛けてから寝るようにしましょう。

また、いつも着ていく上着やコートがあれば、玄関やホールなどに掛ける場所を設けてもよいですね。

Before
After

テレビ周りをキレイにする

テーブルのような大きな面をキレイにすることで、スッキリと見えますよ、と前の項で書きました。テレビ台の上も同じくです。

私が片づけを依頼されたお宅に訪問すると、ほぼ100%の確率でテレビ台の上になんらかの物、それもテレビとは無関係の物が多々置いてあります。ひどいお宅になると山積みに物が置かれて、さらにホコリまみれです。**テレビは黒という重く見える色なので、そこにさらに物が多々置いてあると存在感がありすぎて、部屋が狭く見えてしまう**ことになります。

そこで、テレビを観ながら（CMタイムにでも）、テレビ台に余計な物が載っていないかのチェックとテレビの周りにある物を減らしていってください。各々のお宅によりテレビ台に載っている物の量は違うと思いますので、一晩で終わるお宅もあれば、長期戦になりそうなお宅もあると思います。毎晩少しずつ5～10分程度でできるくらいの量を減らす、元の場所に戻すことを続けてください。

しまう場所がないからテレビ台の上にとりあえず置いてあるという物は、まず、使っているのか、いないのかを確認します。使っていないなら処分。使っているなら、テレビ台周りにしまう場所を確保しましょう。

テレビ台の完成形は、テレビ台の上にテレビとお花や絵画、写真が数点のイメージです。モデルルームやインテリア雑誌などからテレビ台の完成形（自分が好きなタイプ）をとりあえずテレビ台の近くに貼って、常に見比べながら物を片づけていってください。

そして、ここで間違ってはいけない片づけが、テレビ台の上の物をどこかへよけて置いておくこと。今、置いてある場所から違う場所への、単なる物の移動はやめてくださいね。

キッチンの天板の上を何もない状態にする

キッチンの天板に物がなくスッキリとしていれば、起床後の見た目に気分はもちろんいいですし、朝食作りもはかどります。

キッチンが広々としている、朝食メニューの材料がいつも同じところにセットされている。この2つのベースがあると、朝食がさっさとできるのです。

我が家のキッチンはよくある2m40cm幅の決して大きいとはいえないキッチンですが、天板上には、IHクッキングヒーターの隣に、容器に入れた砂糖と塩が置いてあるだけ。他は一切無しです。

朝からサクサクと調理を進めるためには、前の晩、夕食後または就寝前には必ずキッチン天板には何ひとつ置かないと決めて片づけること。

天板は、調理をするための作業台ですからスペースが広いほうがはかどるに決まっています。夕食後、食器を洗ってキッチンを片づける際に天板に何も置かず、天板やパネル、換気扇などを一拭きする作業をプラスさせます。毎日これだけの作業をプラスするだけで、年末のキッチンの大掃除はラクになります。物が何も載っていないと、毎日の掃除時間はほんのわずかな時間、なんと1～2分ですむのです。

「天板に何も置かないなんてムリ！」と思わずに、置いてある物を違う場所にしまう作戦を考えます。

たとえば、食器洗浄乾燥機がついていないキッチンなら、食器の水切りカゴを天板に置きっぱなしにせず、収納するスペースもキッチン内に探して設けます。ちなみに我が家では、食器棚の一部に水切りカゴをしまうスペースを空けています。

天板に調味料をたくさん直置きしていると汚れやホコリがたまり掃除がしづらい上、場所をとります。**いつも使う調味料はひとまとめにして、ケースやトレイにしまい、使う時（調理時）だけ、天板に出せばいい**のです。バラバラで考えるから面倒くさくて置きっぱなしになるのです。

そんな場所は無いと思うかもしれませんが、不要な物を処分すればすぐに確保できます。一日一引き出し、一段の整理をやってみましょう。

そのためには、キッチンの収納スペースと食器棚や家電ボードなどに入る分だけの物を持つ。オーバーして、入らないモノを棚の上や冷蔵庫の上に置かない。ましてや天板の上には絶対置かない。スパイスや調味料もケースなどに入れて調理時のみ天板上に置く！　というようにすること。

朝、キッチンに立って、何もないキッチン天板を見ると気分爽快ですよ!!

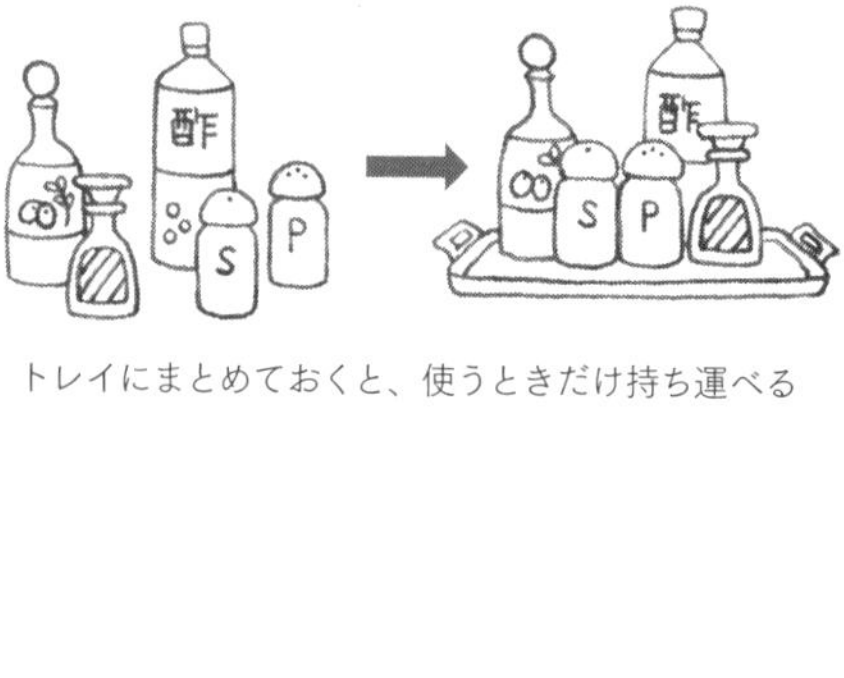

トレイにまとめておくと、使うときだけ持ち運べる

キッチンのシンクを洗う

キッチンの天板だけではなく、**シンクの中もキレイにしましょう。キッチン全体がピカピカ**に見えて、朝は驚くほど清々しい気持ちになれます。

片づけが苦手なお宅では、掃除もおざなり。だから、片づけと簡単な掃除をセットにしてほしいのです。特に水回りが汚れていると気になるし、家全体が汚く思えます。寝る前に**キッチンの天板の上を片づけるついでに、シンクの中をサッとスポンジで洗う**。それだけで、シンクはいつもキレイ。

中には、家族の帰宅が遅くて食べおわった食器が置いてあり、汚れがこびりついて困るという家庭もあるでしょう。そういうときのためにシリコン製の折り畳み式ボウルを用意して水を張り、食器をそこに浸けておいてもらっては？　バラバラと食器がおいてあるよりは、スッキリと見えるし、汚れもこびりつきませんよ。

朝食づくりに革命！ 朝使う食器、食材のセット収納

朝ごはんのレパートリーって意外と少なくないですか？

パン食ならトーストとベーコンエッグにヨーグルトとか、ご飯食なら前の日の残りものとお味噌汁に納豆とか。だいたい品数や食卓にあがる献立が決まっている家庭が多いのではないでしょうか。

それなら、夜のうちに朝使う食器をひとまとめに用意しておいては。

夕食の後片づけ後、**食器棚にしまうときには朝食用に使う食器をカゴやトレイ、ケースなどにまとめて入れておく**。いつも使う食器がわかってくると、逆に全く使っていない食器もわかってくる。そうすると整理もできます。

カゴやケースに朝食のお皿、ヨーグルトを入れる器、フォーク、スプーン、コーヒーカップなどいつもの朝の食器をセットにしておく。テーブルの上にセットを置いて、ヨーグルトを置いて、トースターとパンも置いて。家族を巻き込んで各々にやら

朝食づくりがラクになるセット収納

食器棚にしまうときにトレイやカゴを
使うと朝はそこから取り出せばOK

シリアルセット。
朝はヨーグルを出したり、フルーツを
切ってのせるだけ

朝食用の食器をまとめておく

せる、というパターンもあります。

シリアルを朝食にしているお宅であれば、より簡単。シリアルボウル、スプーン、シリアル、トッピングを常にトレイやケースに入れてひとまとめにしておきます。朝は、そのセットをテーブルに載せ、冷蔵庫からヨーグルトや牛乳を出すだけです。また、フルーツも夜のうちにカットしておくと、よりラクです。


調理時間の時短に欠かせないのは、場所と材料の整理。

たとえば、毎朝スムージーを飲むのに、果物を少し、緑の野菜を少しと切り分けるのは時間に追われる朝は大変です。すぐにジューサーミキサーに放り込めるセットを用意しておけばいいのです。前日の夜に切り分け容器に入れておく。または、買い物をしたときに、1週間分カットした食材を1回分ずつまとめて小分け冷凍にしておく。

セット収納しておくメリットは、ラクであることの他に家族が手伝いやすいという点にもあります。

翌朝スッキリ！　玄関掃除

朝、気持ちよく家族を送り出す、気分よく自分が出かけられる。帰宅後にドアを開けたら玄関がきれいで気持ちいい。そのためにも、玄関はきれいにしてほしい場所。以前、ＮＨＫの「あさイチ」に〝スーパー主婦〟として出演させていただいたときに、玄関先にさえ人を招くことができない主婦のお宅を片づけに行きました。

玄関の三和土《たたき》は、家族の靴と宅配の箱などで埋まって足の踏み場もありません。そこで、靴の数や置いてある物の整理と適材適所の場所に収納し直して玄関の三和土には、日ごろはサンダル1足だけ置くようにお願い。

持続させるために、必ず朝か晩に三和土の掃き掃除をしてくださいと言ったところ、当初の玄関の状況では掃除どころではありませんでしたが、何もない三和土に変わると掃き掃除がものの1分で終わってしまうため、毎日継続されています。物がないということは、掃除も簡単。だから、いったんキレイにしていくとキレイが続くという良いスパイラルに変わるのです。

玄関の三和土にある靴を下駄箱にしまう。出しっぱなしの折り畳み傘、宅配の段ボールなどはそれぞれ片づけたほうがいいのですが、全部を片づける時間は寝る前にはないと思うので、「今夜は傘だけ整理」「明日の夜は段ボールを片づける」などと分けて整理していきましょう。

とりあえず、今夜のうちに大きな物を一つだけでも片づけてみてください。大きな物が一つなくなるだけで、翌朝スッキリした感じになり、効果を体感できます。

そして、数日後には三和土には何も置かない状態にして掃き掃除をします。何もないことで掃除は、1～2分で終わります。

玄関をキレイにする効果は拙著『玄関から始める片づいた暮らし』に詳しく書いています。

次章では、夜かたづけのゴールデンルールと、場所別のヒントについてお話しします。

第1章

毎日の暮らしがうまくいく、「夜かたづけ」のコツ

一人暮らしもファミリーも！　効果を実感してください

片づけといっても、物をこっちの部屋からあっちへの部屋へと単に移動ばかりして家の中がいつまでもスッキリしないというパターンも多く、やる気を失ってしまう人もいます。

一人でコツコツと行う片づけなどの作業は、どれだけ進んでいるのか、できているのかわからないため、最初はモチベーションが持続しません。なので、目に見える効果があるところから実践すると、やる気が上がります。

ダイエットもそうです。もし、体重計が自宅になかったらどうでしょう。一生懸命に食事制限や運動をしていたとしても初めの頃は鏡で見てわかるほどの効果もないため、体重などの目に見える数字がないと途中で挫折してしまうかもしれません。しかし、確実に前の日より数字が減っているとわかると、「やった！　今日も頑張ろう」となるのではないでしょうか？

学生時代の勉強もテストの点数や順位があること、そして希望校の合格というカタチで自分の努力の度合いがわかったものです。

目標というのは、曖昧《あいまい》なままだと漠然とした希望で終わってしまうもの。片づけも効果が見えないと、ちっとも進んだ気にならず投げ出したくなってしまいます。
ですから、「見える」ところ、スッキリ感が実感できるところから始めましょう。
「片づけたい」のに、このままじゃいけない、「やる気にならない」「やりたくない」「やらなければ」と気持ちが追われるだけで月日が経っていきます。

世の中には、一気にできる人と少しずつならできる人がいます。特に家族で暮らしている場合は、一気に片づけるというのがとても難しいものです。家族一丸となって同じモチベーションにならないといけないし、家族それぞれのスケジュールや日常があります。

一人暮らしの方もファミリーの方もまずはやっておきたい、習慣にしたい５つのゴールデンルールで片づけの基礎習慣をつけましょう。

ゴールデンルール1

帰宅後の靴、上着、カバンの流れをつくる

ダイエットや英会話の勉強など何でもそうですが、片づけも小さな行動の積み重ねです。その結果が、いつもきれいな住まいを維持するのです。

住まいをきれいにする小さな行動を習慣づける1つ目が脱ぎ散らかすクセを直すことです。

片づいていないお宅で一番多いのが、靴が玄関の三和土《たたき》にバラバラと脱ぎ捨ててあるパターン。上着やコートなどがソファやダイニングチェアにかかっている。カバンやランドセルがその辺に放ってある。一人暮らしでも散らかって見えるのに、家族の人数が多いと靴・上着・カバンだけでもすごい散らかりようになります。

まず、帰宅したら靴を揃えて端に置く。これは他所でしていることを自宅でもするということです。小さな子どもでもやっていることです。「脱いだら、揃える」わず

か数秒のことです。

それから、「上着を掛けて、カバンを決めた場所に置くまでは座らないこと」。クローゼットまで上着を持っていくのが面倒くさいのであれば、玄関近くにフックなどを付けておいてもよいですね。そしてカバンの置き場を決める。まずは、それを2週間意識して実行してください。

他所様のお宅へお邪魔したら、靴は脱ぎ散らかし、上着はその辺に掛け、カバンは放っておく。そんなこと絶対にしないですよね？

帰宅したら、**「靴を揃える」「上着を掛ける」「鞄を決めた場所に置く」**という一連の流れを習慣化します。これらをしてから、初めてソファに座ることにします。

ゴールデンルール2

寝る前に減らしグセをつける

家の中には、片づけをするまであったことを忘れていた物、全く使っていない物、いただき物で箱にしまったままの物などがたくさんあります。

引っ越しを経験されたことがある方ならわかると思います。荷造りが間に合わない、なんでこんなに物があるのだろう、と実感したこと。見た目では、数日前から箱に詰めていけば引っ越し当日まで間に合うなと思っていたのに、前の夜になると終わりそうもなく徹夜で荷造りをしたという方もいます。

家の中に見えている物は氷山の一角で、収納スペースに上手に詰められている物が大量に出てくるのです。奥にしまいこんだ物、ずっと箱に入れたままの物など、さまざまな物が発見されていきます。

一気に整理しようと思ってもなかなかできることではありません。一気にやることが正しい方法という風潮もありますが、人の感情が入る事柄に対して、答えや方法が一つなんてことはありえないし、他の人に合うやり方が自分に合うとは限りません。ダイエットなども同じですね。運動が主か、食事バランスが主か、さらにその中でもさまざまな方法があります。人は人、自分は自分でよいのです。

例えば、**1日1個手放したら1年で365個の物が家から減ります**。ここでいう「手放す」とは、ゴミの場合もありますし、譲ったり、売ったりなども含めてとにかく家から物を減らすということです。

しかし、譲ったり、売ったりといっても他の人が欲しがる状態であるというのが前提です。汚れていたり、古くなっていたり、と自分が他人からそれをもらって嬉しいか、お金を出して買うか、を判断基準とすると、処分する物の数のほうが多いと思われます。

まずは、日常のゴミ以外に**毎晩何か捨てる物を見つけます**。

はじめは書けなくなったボールペンでも古い雑誌1冊でもOK。捨てるということに対する心のブロックを外す訓練をしていくのです。手放すことの罪悪感がなくなると同時に片づけも進んでいきます。

見える場所からがいちばんよいですね。片づいていくのが目に見えてわかるからです。リビングに積んである雑誌や本。その辺りにある紙袋や空き箱。今週は紙類とか、文房具とか種類別でやってみるのもいいですし、テーブルの上、カウンターの上などちょこっとしたスペースから始めてもよいです。

1日1個から実践。もちろん2個、3個でもいいです。半年後、1年後の住まいを楽しみに始めてみましょう。

ゴールデンルール３

ゴミ箱を多めに配置する

片づけ依頼される多くのお宅では、ゴミをゴミ箱に捨てていないという衝撃の事実があります。

室内が足の踏み場もなく散らかっているお宅の多くでは、実はゴミも多々床の上、テーブルの上にあります。飲み終えたペットボトル、飲みかけのペットボトル、はがしたラップ、封を切った封筒、ビニール袋、パッケージのラッピング……。ちょっとゴミ箱に入れたらいいだけなのに、と思うゴミがあちこちに散乱しています。

そういったお宅では、テーブルの上も物であふれており、テーブルはただの物を置く台になっています。つまり、何でも手元に置く、ついついテーブルの上に置いて戻さないのが習慣になっているのです。食事をするスペースがないのも特徴です。

「出したらしまう」これが散らからない鉄則ですが、それができないから散らかる、という方も多く、またゴミ箱が室内に見当たらないお宅の割合も多い。

その出した物をしまうという行動の前にまず、**「ゴミは即ゴミ箱に」、という行動をとれるようになりましょう。**

先ほども言ったように手元に置くクセがあるのなら、ゴミ箱を多めに用意して、いつも座っている場所、いつも何かしている場所に置きます。

体を動かすことなくポイと入れられる位置にゴミ箱を置いておきます。

そして、**寝る前にそれぞれのゴミ箱のゴミを、ゴミ袋を持って、集めてまわることを実践してください。**毎晩が面倒ならゴミ出しの前夜だけでもよいです。

ゴールデンルール４

翌日の予定、行動を確認してから寝る

事前に明日のすることを頭に入れてから寝るクセをつける。たったこれだけのことで意外とスムーズにコトが運ぶのです。

つまり頭の整理です。睡眠学習というものが以前流行《はや》りましたが、寝る直前に頭に入れたものは記憶に残りやすいので、朝バタバタする人は、寝る前に翌日のスケジュールとしなければならないことを頭に入れてから眠りにつくようにします。起床後の行動をイメージするようにしてもいいです。

私は、弁当のおかず作りをイメージします。あれ作って、これ温めて、こう飾って、あの弁当箱を出して……と布団に入って目をつぶってから考えます。この頃物覚えが悪い年齢ですが、そこはしっかり頭に入っているようで、スムーズに弁当作りがはかどります。

なので、スケジュールに日ごろ入れていないような片づけや掃除タイムなども書いてみるといいのです。寝る前というのは「ふと」思い出す時間帯でもあります。トイレの棚の上をちょっと整理しよう、とか、洗面台の引き出しに入っている洗剤は別な場所のほうが使いやすいな、とか**思いついたら翌日の行動スケジュールに入れてみる**のです（朝起きたら忘れているという方は、枕元にメモを置いて）。

翌日トイレに入ったついでに棚をちょっと見てみる、洗面台に行ったついでに洗剤を出しておいて場所は後から考える、でもよいのです。そういう感じで日々ちょこちょこと物が片づき、気づいたら使いやすい配置になっている、というのが理想です。

外出前に探し物をする人は夜に準備をするよう習慣を変える。いつも似たようなモノを探している人は、それらをまとめる、目に入る場所に置く、など生活習慣を改める意識を持ちましょう。

ゴールデンルール5

あちこちに手をつけない

「片づけ」をしたはずなのに、余計に散らかってしまった。そんなことはありませんか。それは、あっちもこっちも手をつけて、物を出し広げてどうにもならない状況にしてしまったことが原因です。これをやってしまうと後始末が大変。

どこか広げた物を逃がす場所を確保しないことには散らかりようがひどくなる一方です。**１カ所ごとに終えたら次へと移るのが広がらないコツ**ですが、必ず出した場所に戻すのか……というと、それも正解ではありません。

違う場所にしまったほうがよい場合もあります。そのようなことのために、一部屋ないし、ある程度の物の避難スペースを設けておかなければなりません。

よく付箋やメモをパソコンのモニターやデスク前の壁にペタペタと貼っている方がいます。大事なこと、忘れないように返事するものなど、といった重要案件にもかかわらず、目の前にあるのにできていなかった。ということがあると思います。

それは、貼りすぎて埋もれているか、ずっと貼っていて風景の一部になっているため。そして、やることがあまりにもあれやこれや多すぎるためにどれが最優先で、どれが重要事項かわからなくなってしまうのです。

それと同じで、あれもこれも手をつけないということを意識して、作業のシンプル化を目指してみてください。

では、これからは具体的に場所別に夜かたづけのちょっとしたヒントをお話ししていきます。ぜひ、やれそうなことから早速始めてください。

寝室

目覚めた瞬間に「キレイな部屋」を目指せ！　分割かたづけ法

起きた瞬間から寝室がキレイだと頭の中がスッキリします。逆もしかりで、寝るときに周囲がスッキリしていることで安心して眠ることができます。キレイな空間は気持ちよく、１日の始まりには欠かせない条件です。寝室を片づけることが、まず先にやってほしいこと。

では、何をどうしたらよいのか。

寝る前に少しだけ、ちょっとだけ片づけをします。

寝室の完成イメージはホテルの部屋です。余計な物は目に見えないようにします。目に入る物が、乱雑さを感じる原因になるからです。

寝室全体を一晩でキレイにしようと思ったら徹夜になってしまいますので、**１週間を目途に寝室の各場所を７分割して片づけていくイメージ**です。

まずは、寝室のドアを開けた瞬間に目につく乱雑ポイント、ベッド（布団）に入って目覚めた瞬間に目に見える乱雑ポイント。このどちらかから片づけ始めていきます。

どこかのホテルやモデルルームなどの寝室の写真をネットで探して完成図としましょう（完成図がないと適当に詰めて、押し込めて自分でＯＫとしてしまう確率が高いからです）。

扉や天板など面だけが見えるように、細かい物を雑多に置いていないこと、凸凹に見えないように家具や収納グッズなどの高さをできるだけ統一すること。

さて、何が目につくでしょうか。それは、いつも使っている物ですか？　出しっぱなしにしていないとダメな物ですか？

その目につき、かつ使う物をしまう場所を確保するために収納スペースの中を整理していきます。しまう場所がないからとつい置いてしまうことで、見た目が乱雑になるため、物を必ずしまう場所の確保を寝る前に少しずつやってみましょう。

寝室は分割かたづけ法で

面の上に物は置かない。すべて、他の場所に移動するか整理を

余計なものは飾らない。絵や写真は1点か2点。お気に入りに絞って。リラックスできる絵柄を。

頭上に物は置かない

クローゼットに入りきらないくらい衣服が溢れていないか、しまう場所がないから放置しているのか、元となるクローゼットやタンスを整理してください

洋服は洗濯か畳んでしまうかをします。ペットボトルなどはゴミ箱へ

ゴミは捨てる。“とりあえず”飾っているものは、ホコリがついていませんか？　置く場所を見直してみるか、整理しましょう。本は本棚に戻すか整理して

★時間や気持ちに余裕のあるときは、物が多いコーナーを。あまりやる気がないときは少ないコーナーを片づけます

★一晩、一日ではなく一週間かけるというゆとりが、のんびりリラックスしながら片づけられます（もちろん10日でもOK）

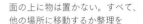

朝の時短に！　夕食後の冷蔵庫チェック

朝の1分1秒は貴重です。朝食もお弁当作りもできるだけ素早くすませたいもの。そのためには、冷蔵庫を片づけ、整理整頓をしておくこと。格段に時間が短縮されます。

自宅の冷蔵庫の中はどんな感じに食材が入っているでしょうか？

食材探しに時間をとられないためにも食材の居場所を決めましょう。残したおかず、使いかけの野菜や豆腐。飲料、調味料などの場所を決めます。

冷蔵庫の中は、**いつも決まった場所に決めた分類の食材を配置**しておく。いつも一緒に使う食材は、セットでしまっておく、ということをします。

残したおかずや使いかけの食材、野菜などは、透明の保存容器に詰め替えます。冷蔵庫の扉を開けたときに中身が一目でわかることも時短の一つです。自分で言っておきながら私も過去に何度か、透明でない容器にお惣菜をしまいこんで食べ忘れた経験があります。自分で「わかっている」と思うことほど信用ならないものはないのです（笑）。なので、透明でない容器は処分してしまいました。

冷蔵庫内をときおりチェックしてみよう

奥は手が届きにくいので、奥行きのあるケースを活用。

ビールなど一度取り出したら終わりの食材（ビールやジュース類などの缶飲料、1個サイズのプリンや納豆など）か、長期保存の食材（味噌、梅干など）がオススメ

自分の目線の高さに
→早く食べてしまう
食材・よく使う食材

中身がわかるように
透明の容器に
→残ったお惣菜など

不要の紙袋を適当な高さに
切って野菜を分けて保存。
※紙袋が仕切りの代わりになるし、野菜くずも直接落ちない（汚れたら取り替える）

牛乳パックなどで立てて
野菜を保存（手前に透明
容器。使いかけの野菜を）

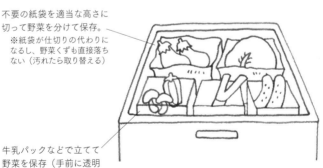

朝準備のための整理として、**夕食の後片づけのついでに冷蔵庫を開けて、何が入っているのかを確かめます。**「お弁当にウィンナーと茹でてある残りのブロッコリーと梅干を入れよう」とか。あとは、朝に卵を焼いて……と頭の中でお弁当のおかずをまとめたら、そのままトレイにウィンナー、ブロッコリー、卵をまとめて載せておきます。朝は、そのトレイを冷蔵庫から引っ張り出して作り始めます。

朝食も同じです。洋食ならバターやジャムなどをひとまとめにしておく。和食なら佃煮や納豆、お漬物をまとめておき、朝は、そのセットをダイニングテーブルにどんと置く。それだけで、あれこれと冷蔵庫の中をかき回すのと1トレイ出すのとでは、数分は変わります。

このように毎晩ちょっと庫内の整理とまとめをするだけで、賞味期限切れや忘れて放置したままのお惣菜などに気がつき、冷蔵庫はいつもスッキリになっていきます。

キッチン

流れるように作業できる、機能的な整理収納

キッチンはお店では厨房と呼ばれ、シェフやパティシエなどが、プロフェッショナルな仕事をする作業場です。

あの小さなスペースに多種多様な道具があり、さまざまな作業が行われ、短時間でいろいろな工程を進めなければなりません。ですから、同じメニューでも調理器具、道具、食器、食材、調味料が素早く取り出せてすぐに元に戻せる状態だと調理時間は短く、後片づけの時間も短くてすみます。

以前、野菜料理専門の先生が主宰する料理教室の片づけ&収納を依頼され、使い勝手や生徒さんとの流れを聞いたうえで着手。料理教室前の事前準備、生徒さんの仕度、終了後の後片づけ、すべての時間が短縮され、帰宅時間も2時間ほど早くなったと喜ばれました。

2時間もの短縮という結果は、私もびっくりです。

モノの配置の見直し、不要なモノの処分、取り出しやすさを考えるなど。またあまり使わない物を手元に置いていたり、よく使う物を奥にしまっていたりと、面倒な配

置でも毎日使っているとそれが当たり前になっているため、意外に本人は気づかないことが多いんですよね。

「使う場所の近くに置く」ことは、すべてにあてはまります。

病院の手術を考えてみてください。執刀道具や機械等々が全て手元に配置されています。これが、整理できていないと、「あれ、血止めどこだっけ？」「縫合するのに糸が見当たらない～！」なんてことになりかねません。ありえないですけど、そういうことです。

キッチンにいる時間が無駄に長い。だから、家族とコミュニケーションがとれないという主婦の方、キッチンの使い勝手が悪いからいつも外食かお惣菜という一人暮らしの方も、さくさくと仕度ができて、片づくキッチンにぜひ！

キッチン

弁当グッズは仕切って収納。これでグチャグチャ知らず

お子さんやご主人、自分の昼用に弁当を作っている方、お弁当作りも朝の時間を奪うものの一つです。

引き出しにお弁当の仕切りやスティックなどを無造作にしまいこんで、朝ガチャガチャと探しながらお弁当におかずを詰めていませんか？　見つからなくて、イメージ通りの仕上がりにならなかったり、イライラしたり……。

お弁当グッズは小さい物が多いので、一目でわかるように収納しておくことが大事です。

小さいグッズをちょっとその辺に置いておくことで見えなくなったり、隙間《すきま》に落ちたりするケースも多いです。そうなると「見当たらない」と朝から探し物をして時間を無駄に使ってしまうこと必至です。あなたがもし、引き出しの中に弁当グッズやキッチン小物を無造作に入れているのなら、**夜のうちに引き出しの整理と収納**をしましょう。引き出し何段かに分けてあるなら、一日一段というようにして。一気にやるとイヤになりますから、10分以内でできる範囲にしておきましょう。

お弁当グッズは仕切って収納

余っている容器や箱、小皿、小鉢、牛乳パックを切ってある程度、仕切る

おおよそ分類しておくだけで、仕切りがあるから探しやすい

きれいに細かく、オシャレに収納しなくてもいいです。まずは、余っている小さな弁当箱やフタ付き容器、ペットボトルや牛乳パックをカットしたもの、何でもいいです。弁当用品の小物、アルミカップなど散らばって見つけにくい物をまとめて入れてから、引き出しにしまう。それだけでも、はじめは十分です。

まずは、引き出しの中で、キッチンの中で探さなくてもすむように仕切る。そこから実践してみてください。

キッチン

調味料とストック品は、すぐに「出せる・見つかる」ように

調理中にモタモタしてしまう、手際が悪いと自分で感じている主婦の方もいます。そういう方は、「料理がうまくない」「苦手」と言います。

料理番組を見ていると手元のキッチン天板に調味料が全部用意されており、順番に流れるように調味料を入れ、準備した調理器具を使って料理を仕上げていますよね。あんな風にできたら、「料理が好き」とまではならないけれど、気分よく料理ができ、嫌い、苦手とは思わないはずです。

調味料や食材、調理器具を料理の途中で探す、天板が狭くて作業がやりづらい。この２つが料理を邪魔する大きな壁となっているのです。

まずは空き箱を用意して、調味料と食材の整理を行いましょう。

キッチンのいたるところにある調味料と食材を全部集めてください。**第１段階は、賞味期限切れかそうでないか**。この整理はためらうことなくできますね？　ここで時間がかかった場合は、箱に入れておいて翌日にまた行います。

翌晩は、種類別に分けていきます。

砂糖、塩、こしょう、出汁の素、カレールー、酢、味噌など。それらをさらに使いかけか、未開封かで分けていきます。使いかけの顆粒、粉末状の調味料は、日常的に使うために容器にあけます。これは、透明な容器がいいですね。そして、場所をとらないために容器はあまり大きなサイズではないこと。入りきらない調味料は、きちんと封をするか別の大きめの容器にあけて、ストックとして別に保管します。

しまうコツとしては、①未開封と開封済みで分ける。②調味料と麺、乾物、レトルト、缶詰など種類別に分ける。③容器に入れた調味料は使いやすい、または出し入れしやすい場所に置く。④日々の調理に使う調味料は、ひとまとめに配す。

これらを数日に分けてやりましょう。時間がかかるところは、週末の時間を使ってもいいですね。きちんと分けられたら、料理の時間が短縮できるはずです。

調味料や食材の整理法

調味料を集める

賞味期限などの
整理をする

使いかけ①

透明容器で
残量がわかるように

使いかけ②

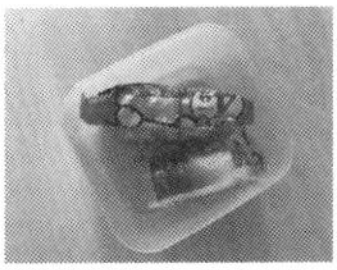

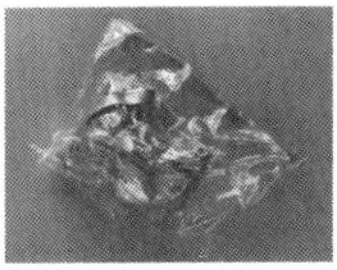

透明容器に入りきらない残りは、ジッパー付袋や保存容器などに入れて使いかけでまとめてしまう

賞味期限切れ

賞味期限切れ
=
処分

未開封

未開封は、
未開封食材で
まとめて保管

便利グッズや調理器具は、いっそ減らす

時短になると思って買った便利グッズ。使いこなせずにキッチンの吊棚に入れっぱなしになっていた、食器棚の奥にあったという方いませんか？　または、あることも忘れているとか……。

物が多い方の購入率が高い物の一つに「便利グッズ」があります。日々忙しいからテレビや雑誌などの通販情報を見て、これがあればラクになると思い、そんなに高くないからと、つい購入。

しかし、どの場面で使ったらよいのかイマイチわからないし、使うときには使用説明書を読みながらになって面倒くさいし、結局時間もかかる、ということでしまいこんで出番はなくなってしまいます。

キッチンに吊棚があるお宅では、特に使っていない物を吊棚にしまいこんでいる確率が高いです。多くの家庭で、キッチンの整理を一緒にしていると「吊棚には何が入っていますか？」の質問に「使っていない物」という答えが返ってきます。本人が認めてしまっていますね（笑）。吊棚は高くて、奥まで手が届かないため無意識にそ

こにしまっている物は使わなくなっていくし、使いづらい物をしまいこんだりしているのです。

そういった奥や上にしまいこんである、使っていない、使わない便利グッズ、調理器具を夜の時間を活用して、ちょこちょこ整理していきましょう。

一気にキッチンを片づけるとなると大掛かりな作業になります。だから、まずは吊棚やキッチンのどこか奥をのぞいてみましょう。**今夜はこの吊棚の半分奥を見てみる、次回は家電ボード下の扉の中を見てみる、などとちょこっとだけやってみます。**

ちなみに、以前わが家では、柑橘系用の電動搾り器、電動包丁研ぎ器、ホットサンドメーカーを処分しました。やはり、吊棚の奥に押し込めてありました。

包丁研ぎも柑橘搾りも、手動のほうが使いやすくて、電動は最初だけ使用。柑橘の搾り器はグレープフルーツなどの大きいサイズも搾れて便利といえば便利なのですが、出番が少ない割に場所をとるサイズなので結局しまいこむことに。電動包丁研ぎも同じく、普通の砥石なら立てて置けるので場所をとりませんが、電動は横置きタイプだったので我が家ではちょっと置き場が困ってしまう。

ホットサンドメーカーは、トーストしたパンをサンドにしたほうが、作業効率が良いので結局出番がなくなり不要に……ということになりました。使う時間は短縮されるのですが、出し入れやお手入れの時間を合わせて考えると手動のほうがラクだったのです。

このようにトータルで考えると時短にならなくて使っていない物を見つけて、思い切って手放しましょう。

便利グッズ、家電や調理器具などはそこそこ大きいので、2〜3個手放すだけでもスペースが空きますよ。

洗面所・浴室

シャンプーやボディソープは持ち運び自在に！

水回りの掃除は面倒くさいし、水アカ、カビがつきやすいため、物を直置きすることをオススメしません。きれいな水回りは1日のスタートを気持ちよくさせる必須アイテムでもあります。夜のうちに洗面台、浴室をきれいにしておきます。

夜、浴槽にお湯を張った場合は、入浴後には栓を抜いて、浴室を簡単に洗い（毎晩することを前提に）、冷水シャワーを天井から壁、床にかけ、換気扇を回しておきます。

ここでポイントとなるのが、シャンプーやボディソープといった浴室に置かれた物。ボトル容器などは直置きするとどうしても底が水アカでヌメヌメし、最終的にはカビの温床にもなりかねません。

そこで、シャンプーやボディソープといったボトルの類、浴室に置いているスキン、ヘアグッズなどは個人別にワイヤーのケースなどにまとめておきます。入浴するときにそれを持って入り、出るときには一緒に持って出るのです。すると浴室にはほとんど物がないため掃除はあっという間です。

底が床に触れる面積が少ないほど水アカが残りにくい

私は、時々夜遅くなった場合に、立って髪の毛を洗いながら足でスポンジを踏んで、床をこするという荒技をしています。

入浴のたびに浴室掃除をしてから上がるようにすると、すぐに湯垢《あか》などはとれますし、毎回短時間ですみますね。

また、ボトルなどを入れたカゴは、洗面脱衣所にどこか置く場所を設けるのが一番よいのですが、場所がないという場合は、浴室に置きます。カゴに入っているので、掃除の際もボトル1本1本を持ち上げるのではなく、カゴ数個だけをよければすむのでかなりラクになります。

併せて洗面台でも物を表に出さないことで掃除が簡単にすみます。

洗面所・浴室

化粧品、ヘアケア製品を使用順に収納する

洗面化粧台の上、ドレッサーの上、化粧ポーチの中……バラバラと化粧品やヘアケア製品が無造作に置いてありませんか？

使っていない品が割とあるのではないでしょうか？

家族がいったい何人いるの？ と思うくらい基礎化粧品、ヘアスプレー、ムース、ヘアブラシなどが山のように洗面化粧台に置いてあるお宅があります。そして、ホコリがたまり、ヘアブラシは髪の毛がいっぱいついています。

きれいに装っても、きれいじゃなく思えてしまいます。

化粧品もヘアケア製品も常に使っている分だけを持つ。肌にも頭皮にも清潔な物を使用したいですよね。

では、日常何を使っているのか、箱やケースを用意して数日から1週間かけて調べてみましょう。

やり方は、その日の夜に使用した物を用意した箱やケースに使い終わったら入れる。

翌朝も同じ。これを1週間ほど繰り返すと、1週間全く使っていない物が置きっぱなしになっているはず。

また、掃除のときに一つひとつ持ち上げて拭くのは面倒ですが、ケースなどにまとめて入れておくと、ケースごと持ち上げればラクに拭き掃除もできます。

洗面台のぐちゃぐちゃを解決！

洗面台の上に置いてあるいろいろな物。
スキマにほこりやしぶきが入って汚いが、物が多いため拭き掃除がしにくい

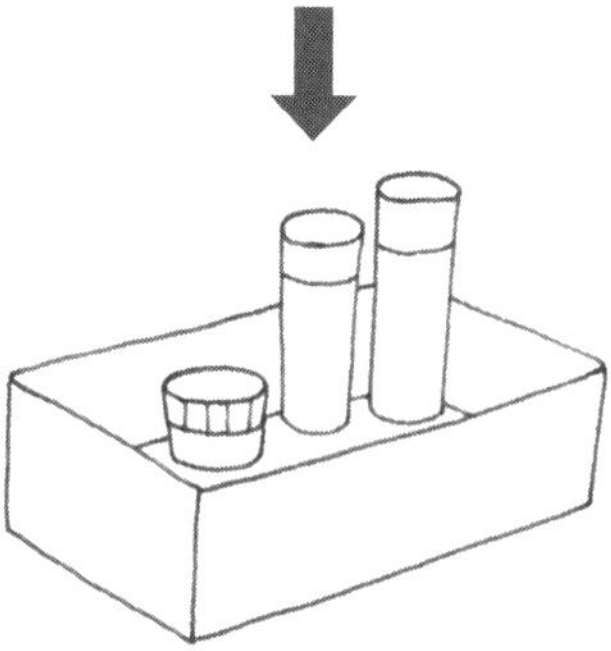

朝晩使った物だけを用意したケース（空き箱）に入れていく。
1週間後ケースに入っていないものは使わないもの。
またはごくたまに使うものは引き出しや扉の中に。
↓
残ったものは人別か用途別でケースなどに入れておく

クローゼット◆

服選びに迷わなくなる整理術

朝、身支度に時間がかかるという方。服選びとコーディネートに毎朝悩んで苦労しているという方。

「たくさん服はあるのに着る物がない」

これは、多くの女性がよく口にする言葉です。人は選択肢が多いと決められないものです。例えばラーメン店に入って、塩、醤油の2つしかメニューがなければ、悩みつつも選択はすぐできます。これが、ラーメン、カレー、チャーハン、餃子、とんかつ……と多種あると、「何を食べよう」と迷いに迷いますね。

また、衝動買いが多いからこそ、コーディネートができなくなりがち。朝何を着ていこう、どのバッグを持っていこう、いろいろ決断ができずグズグズしている間に時間だけが過ぎて、「もうこんな時間！」と遅刻寸前のスケジュールにいつもなっていませんか？

子どもの頃に枕元に明日着る服をたたんで置いていたことはありますか？　私は、小学校低学年くらいまでだと思うのですが、翌日着る服が枕元にたたんであった記憶があります。多分、まだ自分で服を選ぶということができなかったので、母が用意したセットを枕元に置いていたのだと思います。考えてみると着る服がすでに準備されているというのは、忙しい朝、考えるという時間がないので、非常に効率的です。学生時代は制服でラクではなかったですか？　着る物が決まっているって、かなりの時間短縮だったのだなと思うはずです。

朝、いつも時間をとられるなら**前の夜に明日着ていくものを選んでおいて、どこかに掛けておく**。そして、毎朝、決断に時間がかかるなら、時間に追われるなら、決めやすいように整理整頓しておくこと。

並べ方としては、種類別に分ける。下着・インナー・ボトムス・ジャケットなどと着ていく順に流れ作業のように配置します。分けるほどクローゼットは大きくないと思うでしょう。アパレルショップのようにするというのではなく、クローゼットの中で、ただ種類別にまとめて掛ける、しまっておけばいいのです。

毎朝悩まない、選びやすくするために、**今日から一種類ずつ整理**していきます。

クローゼットを使いやすく

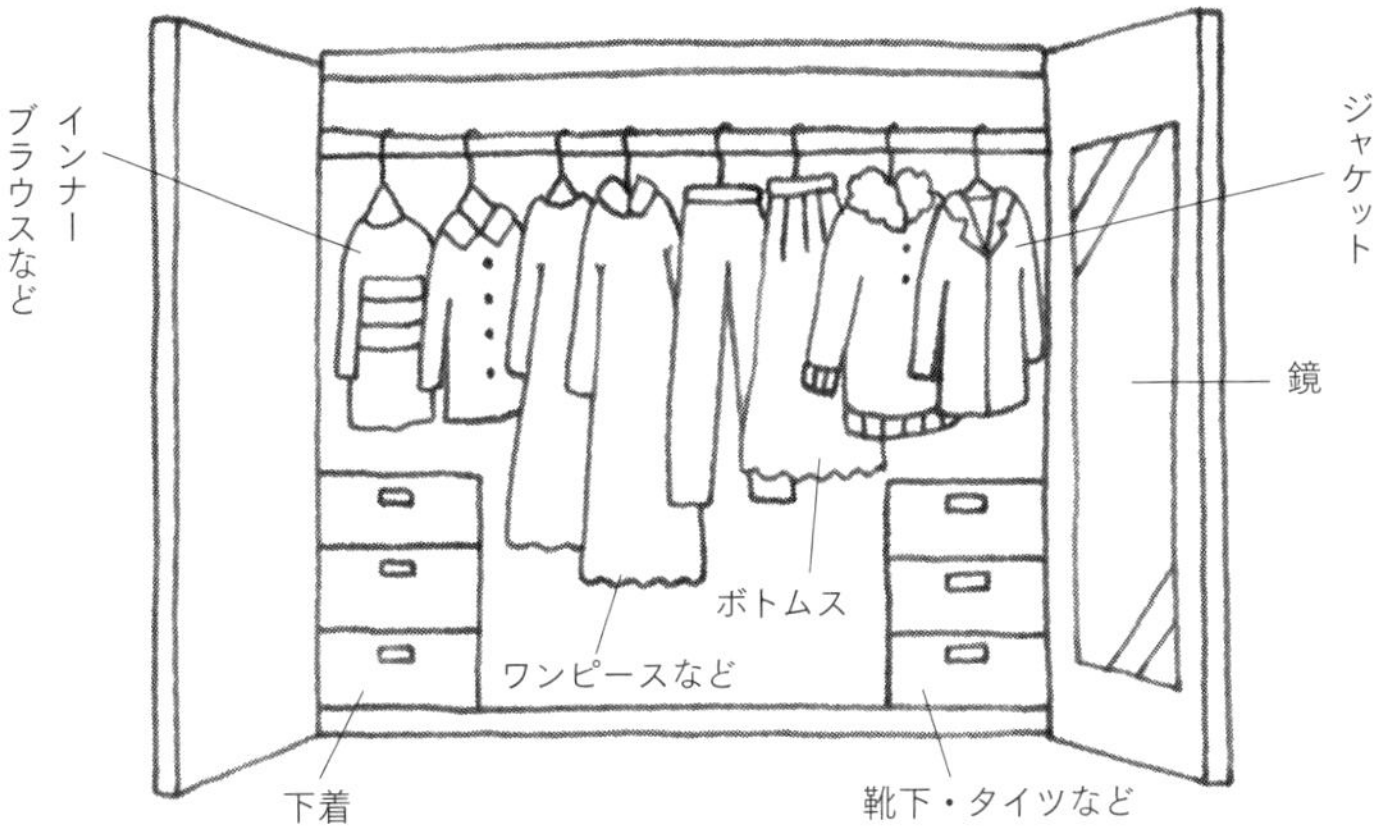

たとえば左から着用して、右へ移動し完了

〈夫婦で使う場合〉

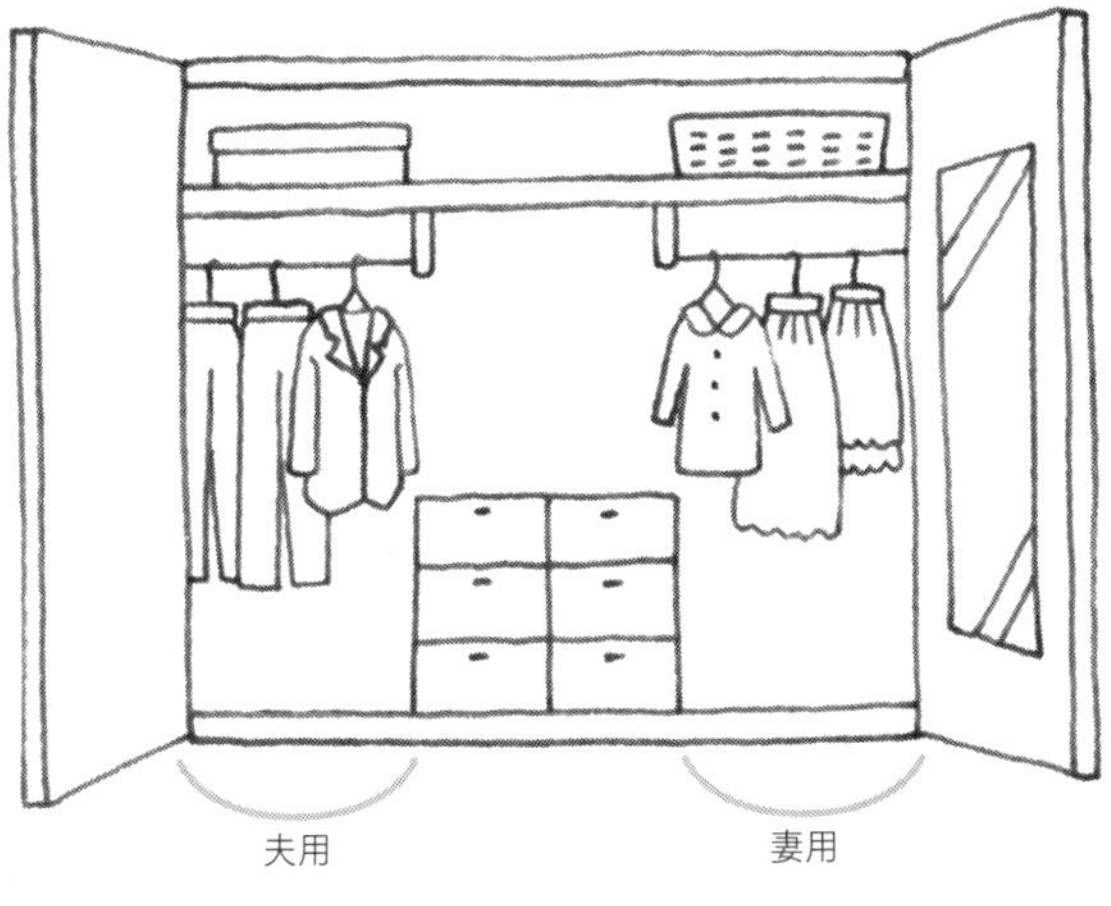

左右で「左は夫：右は妻」というように分けて使用

雑誌を処分しながら、自分のファッションノートを作ってみる

いつも悩む洋服のコーディネート。時間がかかりますね。かなり前に女性タレントさんが多忙スケジュールの中、毎朝外出するとき、私服選びの時間をなくすためにスタイリストさんがコーディネートした洋服上下のセット買いをしていたという記事を読んだことがあります。

ファッション雑誌を買っては読まずに積んでいる。または、読んだけどその後はなかなか捨てられない、という方も多いのではないでしょうか。

雑誌というのは鮮度があります。月刊誌なら1カ月。週刊誌なら1週間というように。そして、ファッションやメイクの情報はもって半年です。それ以上ため込んでいても参考になる記事は賞味期限切れ。

またわずか数ページの記事のために雑誌1冊まるまるとっておく人もいます。スペース的に非常にもったいないこと。参考になるページだけを切り抜いてとっておくほうが場所をとりませんが、切り抜いてもはたして見返すことがあるのか……という疑問もあります。衣服のコーディネートが苦手な人は**「いいな」と思うコーディネー**

トを切り抜いてノートに貼っておきます。

それをクローゼットや寝室などすぐ手にとれる場所に置いておくのです。悩んだときはそれを開きます。ポスターのようにクローゼットの扉内側に貼っておいてもよいですね。

ただし、何でも貼っておくのではなく、貼るときもちゃんと整理をして貼ること。切り抜きのスクラップをため込んでいる人はいっぱいいますが、切って、貼って、保存して満足していませんか？　役立つと思ったからとってあるのですよね。**しまいこまないで、いつでも見ることができる、何を保管しているか覚えている、**これ重要です。

例えば、スカーフの上手なコーディネートならスカーフのページでまとめる。赤いニットを持っていたら、赤いニットのコーディネートの切り抜きをページでまとめる。見たい衣類のコーディネートがすぐ見つかるようにスクラップノートも整理整頓しておくこと。

毎晩、子どもに持ち物をきちんとチェックさせる

鉛筆はきちんと削れているか、消しゴムは小さくなりすぎていないか、糊は乾いていないか、など勉強に必要な道具が、翌日にきちんと使うことができる状態になっているかのチェックを毎晩させます。

絵の具のパレットは汚れていないか、書道の墨がなくなっていないか、などを意識することも小さな頃から習慣づけさせます。

子どもは、人生初のコトだらけですから、一つひとつ丁寧に教えないとわかりません。

学生の頃に、授業に入ってから道具を広げて初めてパレットが前回のままだと気づいて、固くなった絵の具をこそぐように洗い落としているクラスメイトがいました。なぜ、放置してあったのか。さらにひどい状況のクラスメイトは、夏休みとか冬休みをまたいでいたため、新しいパレットを買ったほうがいいのでは？　というくらい固まっていたのです。

失敗して自分が困るという経験ももちろん必要ですが、「準備をする」「点検をする」ということを教えたうえでの失敗が必要なのではないでしょうか。何も教えられていないで失敗をさせるのは、ちょっとかわいそうな気がします。

このほか、朝になって急に学校費用の集金と言われても細かいお金がない場合は、子どもに持たせてあげられませんね。

ちゃんと提出物を出すという習慣も、小さな頃から身につけさせたいものです。もちろん、親もその日のうちに確認するという習慣も必要ですね。

子どもにも夜整理、夜準備の参加をさせる

私が小学生のとき、登校はいつも遅刻か遅刻ギリギリ、さらに忘れ物もしょっちゅうしていた同級生がいました。自分も子どもながら、あきれていた記憶があります。

毎朝バタバタしている、いつも遅刻ギリギリで出かける……そのまま大人になれば習慣から抜け出すのに大変な苦労をします。小さい頃からの習慣とはおそろしいもので、一生を左右するといっても過言ではありません。お子さんに良い習慣をつけさせることも親の大事な役目です。

起こしてもなかなか起きない、起きてもすぐに行動できない低血圧タイプのお子さんの場合は、前の夜の準備が非常に大事になってきます。

帰宅したらプリントなどをまず出させるというクセを入学当初からつけさせる。お便りボックスなるものも用意して、帰宅したら必ずそこにプリント類を出すように言い含めます。

よく、「言ってもきかないんです」というお母さんがいますが、やれるようになる

まで言い続けるのです。先にお母さんがあきらめたらダメです。就寝前に時間割を見て、明日の持ち物を準備させる。これだけで、たとえ寝坊したとしてもランドセルを持って走り、学校に着けば滞りなく1日が過ごせるのですから。

私が学校で講演をすると、必ずと言っていいほど「子どもが片づけできるようにするにはどうしたらいいか？」という質問があります。そこでまず、「自宅は片づいていますか？」と聞きます。親ができていないのに子どもに「片づけなさい」と言うのは、無理というかムダな話ですよね。

山本五十六の言葉で「やってみせ、言って聞かせて、させてみて、褒めてやらねば人は動かじ」という名言があります。これは部下を育てるために言われた言葉ですが、子育てもしかりです。

小学校就学までの間に手伝うことで、子どもは覚えていくし、習慣づきます。小学校2年生以上のお子さんは、教えて自分でやらせるようにします。就寝前に必ず明日の準備をさせます。

この習慣は、大きくなっても役に立つ習慣になります。社会を生き抜くしっかりとした基礎を身につけさせることにもなります。

準備を自分でさせるためにもまず物の仕分けを教えなければなりません。

「毎日学校へ持っていく物」「たまに学校へ持っていく物」といった**使用頻度による仕分け**と、「学校で使う物」「自宅で使う物」「どちらでも使う物」という**目的仕分け**。

さらに「文房具」「本」「ハンカチ、ティッシュ」といった**種類分け**を教えます。

仕分けることで探さずに準備がラクに整うように導きましょう。

第2章

小さな"かたづけ"習慣で、自然とキレイになっていく

7分でいいから、やってみよう!

夜というのは、食事の後片づけや入浴したり、ドラマを観たり、洗濯をしたり、洗濯ものをたたんだり……と意外とすること、できることがちょこちょことありま す。その中に「ちょい片づけ」を入れてみませんか。

毎日少しずつだから**一気に片づくわけではありませんが、大きくリバウンドすることもありません**。そして、**小さな良い習慣が身につくという最大のメリット**があります。

「出したら戻す」「増えたら、減らす」この習慣は一朝一夕ではつきません。小さな片づけ習慣も〝塵《ちり》も積《つ》もれば〟で、継続すると家が片づいていきますし、片づくにつれ、日常の時間が逆に増えていきます。

片づけ依頼のお客様で「片づけはイベントじゃないよ習慣だよ」って句を作ってくれた女性がいます。片づけをしていくうちに暮らしの中の積み重ねなのだな、と気づいたようです。

長い年月の間にたまった物。いろいろな想いが入り、一筋縄では手放せないし、時間もかかる。一気に片づけることは、できなくはないけれど、家が大きければ大きいほど、物の量が多ければ多いほど長期戦でもあります。

寝る前のちょい行動が半年後、1年後に大きな結果をもたらします。フルマラソンに出たいと思う人が短期間で42・195キロ走れるようになるでしょうか？　ムリですよね。はじめは数キロから。それを毎日走り続けることによって距離が伸び、やがて走り切れるようになります。

アスリートでいうところのイメトレ（イメージトレーニング）のように、片づいた部屋の状態がどういったものを画像でイメージしましょう。

夜に片づけをちょっとだけして寝る。家の中が、朝が大きく変わる。そんな日を楽しみに毎晩7分！　いえ5分でも10分でもやってください。

ちょい片づけ

紙袋は、スペースを先に決める

私調べの「捨てられないトップ10」に必ず入っている「紙袋」。

どうしてそんなにとっておくのでしょうか？　買ったわけではなく、買い物した品を入れてくれた紙袋。確かに、今時の紙袋は立派でおしゃれです。だからといって持ちすぎです。

片づけに伺ったあるお宅では、納戸に大量の紙袋がありました。紙袋はとりあえず納戸に入れるというルールを作っていたので、他の箇所にはありませんでしたが、全部出してみると300～400枚の大量の紙袋。大きなお住まいだったので、納戸も広くあまり気にならないようだったのですが、改めて全部出してみて初めて「なぜこんなに!?」と本人が驚いていました。

しかし……、やっぱり半分も捨てようとしないのです。

「何に紙袋は使いますか？」「今後この数を消費できる自信はありますか？」「なんのために持つのですか？」という問答の後、ハイブランドの紙袋は残すということで決着しました。結局「高かった」という理由になりますね（笑）。

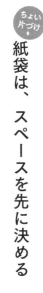

夜のちょいタイムに紙袋を整理してみましょう。家の中にある紙袋を全部集めてください。そこから、持つ数を決めます（とっておいてよい数ですね）。

いちばん簡単なのは、大何枚、中何枚、小何枚と決めるより、**紙袋を収納しておくスペースを決めて、そこに収まる「量」にします**。そして、そこに入らない分を他の箇所に置かない。それでおしまいです。

紙袋を捨てられない理由としては、他の物と同じですが「いつか使うかも」「もったいない」の心理が働きます。あとは、ブランド物を買った場合

紙袋は、「これに入るだけ」と決めてしまうと増えすぎません。
自分の使う適正量を考えて！

にそのブランドロゴが入っていることで「高級感（＝高かったから）」の心理も加わります。

また、紙袋が多い人は買い物も好きなので、余計に集まりがちです。紙袋の数だけ買い物をしているということです。無駄遣いをしていないか今一度振り返ってみましょう。

ちょい片づけ◆
日用雑貨品を絞る

物が多いお宅は、何でももらったり、買ったりしますが、特に多いのが日常の品。紙袋やもらい物のエコバッグにスーパーの袋、試供品の洗剤や化粧品、パンフレットにフリーペーパー。粗品のボールペンやキーホルダーなどなど多種多様のなくても何も困らない物の数々をため込んでいます。

ほとんどの心理が「もったいない」「いつか使う」の2つに集中しています。

これは、「出ていく」「離れていく」「失う」ということへの不安です。入ってくるほうに全く注視していないのです。手放さなくても現状維持ですが、スーパーの袋や紙袋などは物を買ったら必ず入ってくるのですから、増えることに関して考えなければ、想定もしていない。だから、物が増えていくのです。

スーパーのレジ袋などは、たまる量と使う量が1カ月でプラスマイナスゼロになるようにしなくては、たまる一方です。買い物が多ければ多いほど、袋類は増えます。買い物を控えるかエコバッグを持って歩くようにしましょう。

夜に「明日は買い物に行かないといけない」というスケジュールをたてます。そして、**エコバッグを外出セットに入れておくのです。その夜の準備だけで袋類は増えません。**「どこで何を買う」というスケジュールをたてればムダ買いが減り、ポイントカードなども都度持つようにすれば財布がふくらみませんよ。

溜まりやすい物がどれだけ家の中にあるのかを知るために、袋類、パンフレット類、試供品類などと**分類ごとにまとめていく作業**も夜のちょいタイムにやります。**数決め**もちょいタイムにしてみましょう。

たとえば、スーパーのレジ袋。何に使っていますか？　わが家では、プラスチック、びん・缶・ペットボトルの資源ゴミは白または透明な袋なら何でもよいので主にそのゴミ出しに使います。週に各1回収なので、週に2袋があればゴミ出しは大丈夫。その他、ちょっと汚れ物を入れるなどで使うときのために、と考えると、月に十数枚あれば大丈夫です。スーパーのレジ袋を折りたたむか丸めて十数枚入るケースを用意してそこに入るだけ持つということをします。

数を決める、入る数のケースを選ぶ、整理して収納する。この3段階を3日間連続の夜のちょいタイムに実行して、ひとつ完成！　というペースでもOK。オーバーした袋は別の場所にとっておいてはダメですよ。

ちょい片づけ 夜のちょいタイムにぴったり！　写真など思い出の整理

スマホ主流の現在、プリント写真はかなり減ったと思いますが、以前プリントした写真や自分の昔のアルバムなど写真はたまっていると思います。写真は山のようにあっても、すべてが必要なのかというとそうでもないはずです。

テレビを観ながら、電話をしながら、家族と話をしながら――「ながら」でプリント写真を仕分けていきます。「ながら」のメリットは、感情が入り込まないので淡々と進められる点。量が膨大だと思いますので、段ボール2個とゴミ袋を用意してください。不要の写真はゴミ袋へ、残す写真は「残す用段ボール」に、仕分け中の写真はまた翌日以降の作業としてもう1つの段ボールにいったん分けておきます。

写真の整理は急ぐことではないので、のんびり夜の空き時間で何カ月かかってもいいと思います。仕分けが終わったら、新たにアルバムに時系列か人別か、行事別でまとめていきましょう。

このほか、女性の方に多いのが手帳やノート（日記帳的な）を手放せないというパターン。思いついたことや情報が多々書いてあるから、といった方。書いてあるから何なんでしょう？　すでに実行できていれば不要だし、実行できないのであれば古い情報ということになります。

時間のあるときに、夜のちょいタイムを活用して整理していきましょう。

ちょい片づけ◆「あとから」と積んである雑誌、書類に手をつける

ついつい買った雑誌、持ってきたパンフレット、郵送されてきた書類など。目を通す時間がない、という言い訳で積んでいる紙類の山。「なんとかする」と決めなけれ

ば、山は高くなり、連峰となっていく。

ならば、夜のちょいタイムに山の一部を崩して整理してみるのはどうでしょうか。たとえば、一山ずつ一晩で整理する。何日かすると山がなくなりますね。書籍なら棚1段とか、棚からあふれている分などからです。

また、書類関係の場合は、手元にハサミとゴミ箱を用意して、封書はどんどん開封し、要、不要を瞬時に選別します。ためてしまう人の特徴が、後で何かあったら困るからととっておくこと。何がとっておく書類で、何が不要かということは把握するようにしましょう。自分が加入している保険、金融商品その他、必要な書類、不要な書類、そういった勉強もある程度必要です。わからないから何でもとっておくのです。

宣伝や広告の類は、即処分をしてためないようにします。また、返信などが必要な書類は、クリップなどでまとめ、翌日の最初に行う、優先順位一番にしましょう。

そして、不要だと判断した雑誌や紙類、パンフレットなどは紐ですぐにまとめます。書籍なら紙袋などに入れて、売りに持っていくように準備しておくといいでしょう。

ちょい片づけ♦

これはすごい！　「ラベル」を付ける効果

どこに何をしまうと決めたのか自分で場所を忘れないためと家族が一目でわかるようにするため。またラベルに書いてある物しか置かなくなるため、スペースに余分な物が増えないといった効果がある「ラベル貼り」。

夜のちょいタイムにラベル作りを少しずつしてみましょう。

まずは、同じ色やデザインのラベルをサイズ別で用意します。それから、ちょいタイムにできる箇所を日々やっていきます。リビングにチェストなどがあればその引出し1段ずつ。まず、中に何が入っているか確認。できれば同じカテゴリーにまとまるように入れ替えも併せてしたいところです。

文房具なら文房具だけにしたほうがよいです。いろいろな分類があって、ラベルに多々記載されていると読まなくなるし、最終的には何でもいいやーとなってしまうからです。

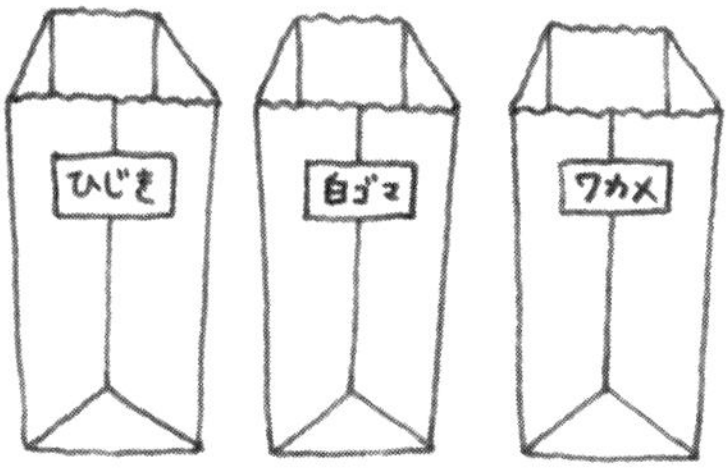

紙袋の上を切って、粉類や乾物など
棚の仕分けに使う。
汚れたら捨てればいいし もったいな
いととってある紙袋の消費にもなる
し、軽いし、オススメ

粉類は、瓶に入れ替えて、
ひと目でわかるようにラベルを

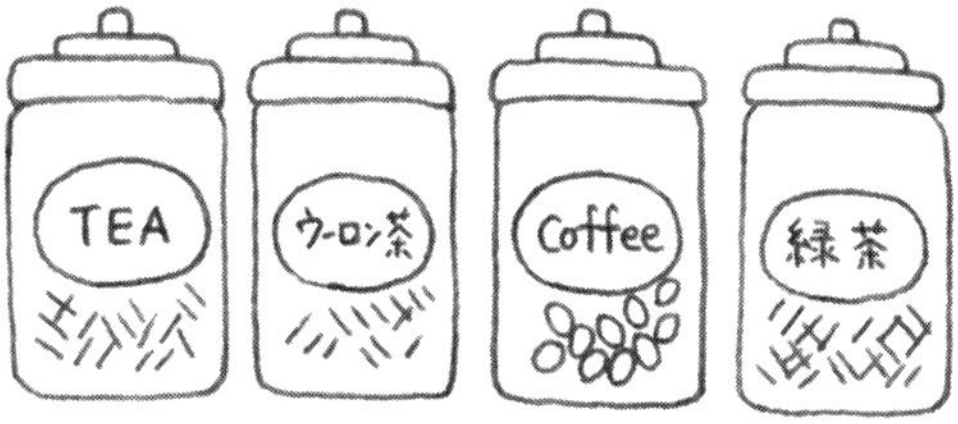

お茶やコーヒーなどは、
入れ物とラベルで可愛
くアレンジ可能

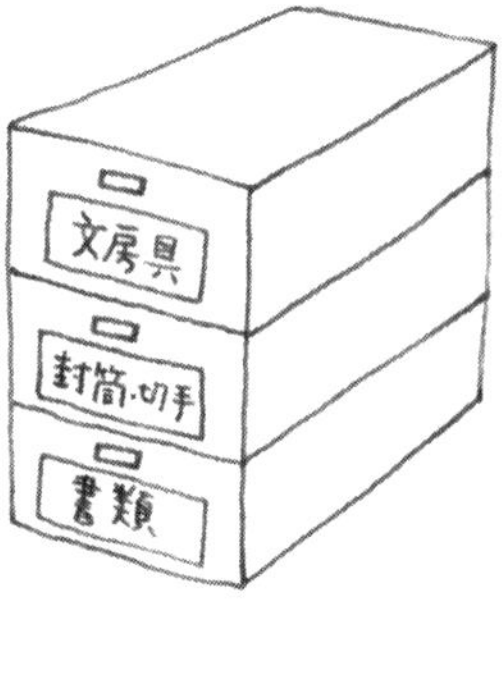

引き出しは、中身がすぐにわかると
ごちゃごちゃしません

ちょい片づけ♦

詰め替えストックの補充をチェックする

飲食店でテーブルの上にある醤油などの調味料を見て回って補充し、容器をきれいに拭いている様子を見たことがありますか？

それと同じように、夜のうちに家の中にあるいろいろな詰め替え品を補充しておくことで、翌朝に切らして慌ててストックを出して、詰め替えてというイライラがないようにします。

また、前の晩にストックがないとわかれば、翌日買い足しができます。**週に一度買い出しに行く前の晩をストック補充の日にしておく**ことで、買い物も計画的にできます。どれくらい残りがあるのか、どれくらいを1週間ないし1カ月で使い切るのかわからないから、ストック品を買い込んで物を多くさせてしまうのです。

ちょい片づけ♦

衣服のチェックは夜のうちに

毛玉がついている、ボタンがとれかかっている、穴が開いていた。伝線していた、シミが残っていた！　なんて朝にドタバタしないよう、衣服は整理しつつ定期的に点検をします。

どんなに美人でも、どんなにオシャレな人でも、ほころびている、シワがついている……そんな服を着ていたら減点になってしまいます。日ごろ素敵にしている人ならなおさら悪いギャップになってしまいますね。

また、ちょっとお手入れをするだけで長持ちすることもあります。好きな服というのは数多く着ているので他の衣服よりも劣化しやすいです。しかし、好きな服ですから、日ごろの手入れをきちんとしてたたんでしまう、という習慣をつけたいもの。洗濯物をたたむとき、明日の衣服を選ぶときなどの、わずかな時間でできます。

ちょい片づけ ペット用品を見直す

ペットの玩具、洋服、ペットフード、トイレシーツや砂などどのように扱って、しまっていますか？

ペットのグッズを大量にとっておいて、場所をとっているおうちがあります。ペットのオモチャは子どもと同じで、気に入って遊ぶ物と見向きもしない物にはっきりと分かれます。見向きもしない物は、サッサと手放して数を減らしましょう。衣服もサイズが小さいものは譲るか処分をする。

また、新商品や試供品にもらった新しいペットフード。しかし、味が好みではないのか残してしまう。その場合は、またあげても食べない。処分するか同じ犬種、猫を飼っている友人、知人にあげましょう。賞味期限が切れる前にですね。

夜のトイレ交換や散歩タイム、ペットがごはんを食べている間などにちょっと整理してみませんか。

ちょい片づけ♦

どうでもいい物から手始めに着手する

どこのお宅でも必ずあるいろいろなコードや配線、部品。これなんだろう？　でも何かあったら困るから――と、とってありますよね!?

「これなんだろう？」の時点で不要です。だって何の配線か部品かわからない物をとっておいてもわからないから使えないんですもの！　片づけ宅へ伺うと、よく配線やバッテリー類、コード、リモコンが多々出てきて、ほぼ100％皆さんこう言います。「何かの線だから、部品だから、とっておきます」と。

まず「何か」ってわからないなら使いようもないし、現在何も不便なく、家電やパソコンの類を使っているのですよね。ならば、なくても大丈夫なもの。もしかしたら、すでに手放した家電やパソコン類の部品かもしれません。つまり、どうでもいい物なのです。

まずは、「コレなんだろう？」という物から。それから興味のない種類に。自分がなかなか手放せないと思う好きな物、ついつい買ってしまう物は最後にします。捨てグセがついてから捨てられない種類に着手しないと、はじめにそこをやろうとすると全く手放せず片づけができずに終わるのです。

ちょい片づけ◆

意外に忘れてしまう薬の整理

自宅にある薬箱。定期的に整理していますか？

先日、片づけに伺ったお宅で一緒に薬の整理をしました。結構量があったのですが、期限切れや箱に入っていないため何の薬か不明なもの、処方箋で出してもらい年数が経っていたもの……いろいろありました。

以前、お医者さんのお宅の片づけに伺ったときに、薬は期限が切れると効き目が薄くなる——というようなことを言っていましたが、やはり、何年も過ぎていると処分したほうがよいですよね。目薬などの液体系は特に保管には気をつけたいもの。あと、冷蔵庫などに保管している座薬などの薬も、ときどき期限をチェックしましょうね。

意外に「つい最近」と思っていたら10年近く前だったという薬も出てきて、お客様と笑ってしまいました。我々の年齢のつい最近は、一昔前にあたります(笑)。

ちょい片づけ♦

小分け整理で気が付いたら片づいていた!

忙しいという方にオススメしている不要な紙袋を活用した小分け整理。部屋のあちらこちらにある山積みになった物の数々。「まとまった時間がとれたら……」とずっと目をそむけていませんか? その山を小分けにして、少しずつ整理していく方法です。

まず、1日目。部屋のあちらこちらにある山積みの物をとりあえず紙袋にどんどん入れていきます。余裕があれば、入れるときに紙類、雑貨などと簡単に分類しながら入れていってもよいです。そして、そのたくさんの紙袋を1カ所にまとめて置いておきます。あまり大きくない紙袋がよいですね。

翌日から、1日1袋を目安に、紙袋の中身を出して就寝前のちょいタイムに仕分けるのです。テレビを観ながらだっていいです。不要な物はゴミ袋へ。要は、ひとまず同じ種類の物がある場所にざっくりとしまっておきます。

問題は「迷う物」。迷う物は、もう一度紙袋に入れて、後回しにします。これを繰り返していくことで、着実に物は整理されていきます。

ただし、数週間放置しておくと何のための紙袋なのかわからなくなり、物が物を呼ぶ感じで、その場所は「とりあえず」的な不用品のたまり場となってしまいます。たまり場は淀みます。淀みは絶対につくらないように。そして、半年以上放置してあったなら、「全部不要」とし、処分も考えましょう。

ちょい片づけ♦

ユーティリティにホウキかコロコロを置く

ドライヤーを使用したり、髪の毛をとかしたりする際に抜け落ちる髪の毛。後で家の中を掃除するときに一緒に、と思っていると軽く、静電気でくっつきやすい髪の毛はあちこちについて回り、家中に髪の毛をまき散らしていきます。

そこで、ユーティリティ（洗濯機や洗面台がある洗面脱衣室のこと）に小さなホウキとチリトリのセットやコロコロを置いておきます。ドライヤーで髪の毛を乾かした後、ブラッシングした後、ほんの20秒くらいで終わるはずです。

髪の毛はダニのエサとなりますので、こまめに掃除をして取り除きたいもの。夜の入浴後にちょっととっておくクセをつけましょう。

ちょい片づけ♦

入れ物を手放してみる

人は空いているスペースを見つけると何かを入れたくなります。収納が多ければ多いほどなんでも物をとっておくのもよくあること。どうでもいい物がいっぱい入っている収納はありませんか？

空き箱やケースがあるとつい物を入れてしまう。なんとなくそれで整頓《せいとん》した気持ちになってしまう。

たとえば、いただきもののお菓子の箱が立派で、捨てるにはもったいない。「何かに使えないかしら？」と、テーブルの上とかその辺にあった電池とかポケットティッシュとかちょっと入れてみる。気づけば立派な箱が何でもケースになっていて、立派だった面影は残らない……。

収納の入れ物自体を処分することで、使ってもいないのに入るからという理由だけでとっておいた物を処分するきっかけになる。また、収納があれば片づくのでは？と、よかれと思ってわざわざケースや箱を用意することで物はたまっていってしまいます。

そんなどうでもいい物が多々入っている入れ物自体を先に処分してしまうのです。出した中身がどうしても使う物なら他に置き場所が見つかるはず。どうでもいい物だから、空き箱やケースに無造作に入れているだけの場合が多いのです。

この先も多分、不要な物候補または不要な物をしまうことになるので、箱やケースなどは、用途が決まっていなければ、感情（可愛い、きれい、もったいない）が入る前にサッッサと手放すべきです。

ちょい片づけ◆

トイレ掃除は夜だっていい

朝のトイレ掃除は運気を上げるというようなことをよく耳にしますね。しかし、朝が慌ただしく過ぎ去っていく人からすると、朝にトイレ掃除をする余裕はなかなかありません。けれど、朝がいい、というから休みの日にする。

それだと、週に1～2回しかトイレ掃除ができないことも。トイレを含む水回りは毎日掃除をしてください。朝にこだわっていると毎日は難しい。夜だっていいじゃないですか。汚れているより、きれいなほうがいい。

片づけができていない人の中には「こだわり」が強い方も見受けられます。「やり方」であったり、「丁寧さ」であったり、「自然素材派」であったり、と。柔軟性を持つことで片づけがはかどるのにな～という方も割と多いのです。

「こうでなければならない」――この考え方を捨てることで片づけがうまくいきます。物が捨てられないように自分の固執した考えを手放すことも大事です。

ちょい片づけ♦

寝る前のストレス解消になる「拭き掃除」

なんとなくイライラする時にどんなことをしますか？　私は拭き掃除をします。あえてバケツと雑巾を出して、ギュッと力の限り絞って窓周りとか汚れが目立つようなところを探して拭く。汚れていた箇所がキレイになることで気持ちがスッキリします。または、床を拭き掃除する。膝をついて、二の腕に効くようにとキュッキュと拭いていくと「無心」になります。もちろん汚れた箇所をキレイにしようとチマチマ擦るのも「無心」になります。

何も考えない時間があるということは、心のリセットにもなります。パソコンやスマホを見続けて目が疲れたら20～30秒目をつぶるといいと言います。それと同じく、考え疲れがあれば、何も考えないタイムを設けるのです。

考え疲れというのは、前向きな改善法を考える状態ではなく、答えの出ないストップ思考がほとんどなのです。

たとえば、上司がねちっこくて嫌だ、という場合。異動にならないかな？　辞めないかな？　誰か意見してくれないかな？　という他力本願の妄想《もうそう》で延々と止まっていいます。自分が転職するために情報収集するとか、異動願いを出すとか、切り返しができるメンタルになるための勉強をするとかにならない。ならば、思考を嫌な状態のままでストップさせず、忘れてしまう「無心」になることをするのです。

寝る前にストレスを残すと眠りに悪いです。就寝前にはスッキリさせておきたいところ。拭き掃除というのは意外に床とか汚れた面、箇所に集中するためよいのです。そして、拭き掃除を定期的にきちんとすると、床の上や棚の上、カウンターの上などにある拭き掃除に邪魔な物に気づきます。

不思議なことに今までは気づかなかったのに、掃除をちゃんとすると気づくものです。そこで、物の整理もまたできるというワケなのです。一石二鳥ですね。

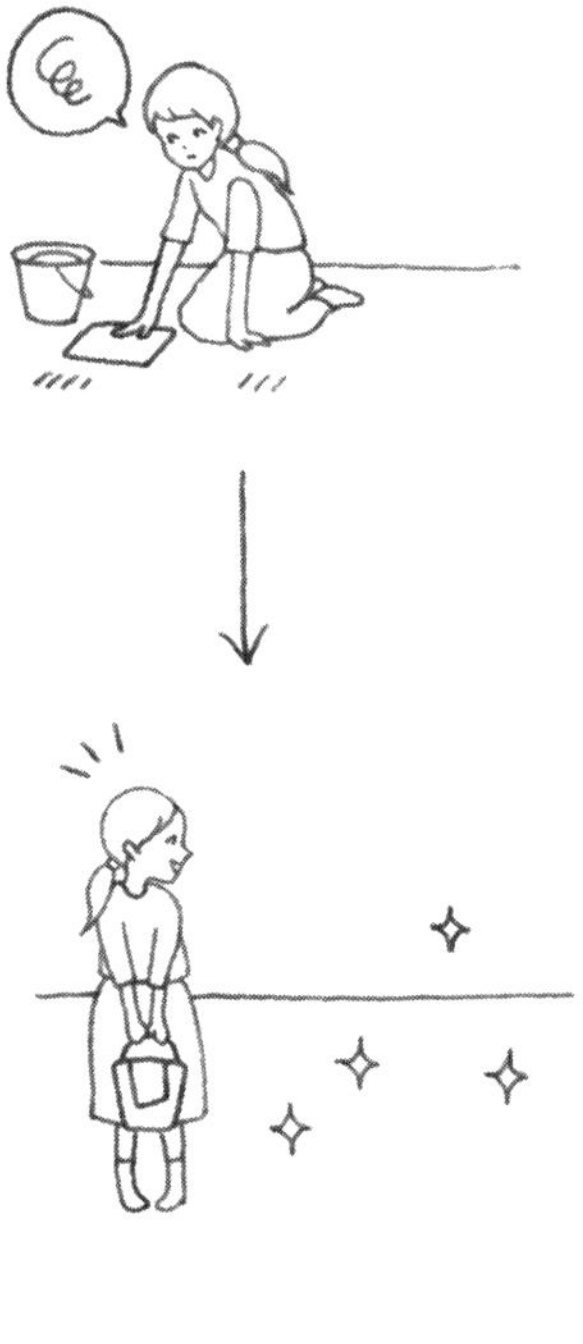

ちょい片づけ♦

ゴミ出しの前夜にオススメ、ノルマ作戦

片づけの仕事に伺うと、はじめはなかなか皆さん、モノを仕分けられない（何でもとっておこうとします）。でも、徐々に手放していくと何回目かの訪問では「おお！」と思うほど、手放し方が潔い！　それは、要る・要らないを考えるのが面倒くさくなってきた、ということもありますが、初回からの間で、ある程度モノを手放し、なくても困らないことがわかったから。困らないどころか、部屋が片づいてきて快適になってきた感が出てきたから。それが、ステップアップすると、ゴミ袋に余裕があれば、「捨てるモノはないかしら？」と探しだします（笑）。

だんだんと「これ持っていても使わないな」と自分のことがわかってきます。

片づけ下手だと自分で思っている方は、ゴミ出しの前夜にゴミ袋を持って、「必ずゴミ袋をいっぱいにする！」というノルマを課して家の中をうろついてみましょう。

引き出し

ちょい片づけ

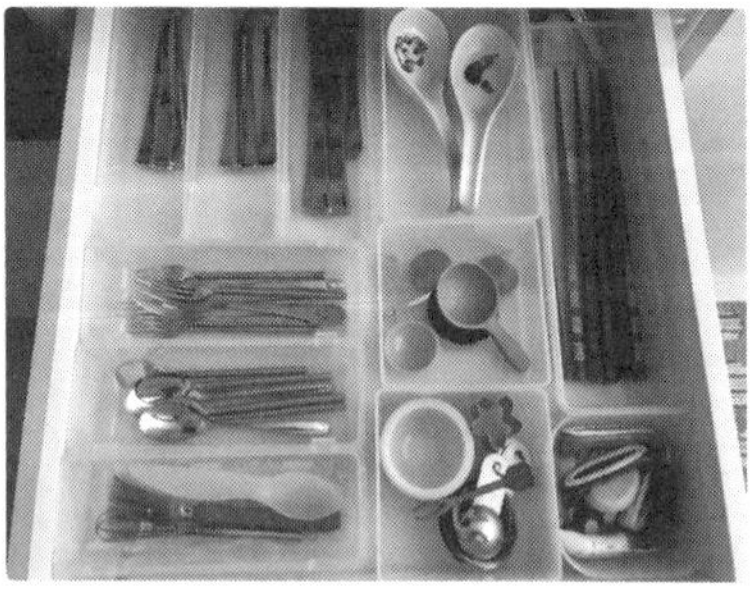

ちょい収納アイデアいろいろ

100均や無印などの透明ケースを活用して細かいモノを引き出しで仕切ると一目瞭然です

※必ず引き出しの［内寸：幅・奥行・高さ］をしっかり測り、収納するモノの一番長い物のサイズも測ってから買い物に行きましょう

色や素材をそろえる

「片づけ」を持続させるためには見た目にキレイであることが効果を実感しやすいので、収納グッズの色や素材を揃えることも重要なポイント。高さのある収納場所は、棚板を増やすと収納量が2倍、3倍にアップします

洗面所

〈上部〉

〈下部〉

高さと奥行きのある棚の場合は高さを区切るようにします。
奥の物もラクに取り出せるように引っ張れる収納グッズを活用します

※高さ、奥行き、幅を測り、洗面台などの場合は、パイプスペース分のサイズも測ります。汚れが見えにくい場所なので物を直置きせず、ケースやカゴに物を入れるとよいです

京阪電鉄不動産ファインシティ東札幌モデルルーム収納監修

重さによっても工夫

簡易的な収納や重い物を収納しない場合は、スノコを棚に活用。両面テープで簡単に組み立てられます

重い物はキャスターがついた収納を使うと出し入れしやすいです

第3章

忙しくてもできる！
スキマ時間の見つけ方・つくり方

気づかなかった、ムダ時間がある

片づけができない言い訳の多くは「時間がない」「忙しい」といった類《たぐい》。その「時間がない」は、大事なことに時間を使っていますか？　しなくてもいいような、時間をかけなくてもいいような目先のことに時間を使い、本当はしなくてはならないことをずっと後回しにしているのではないでしょうか。仕事なども同じように、多くの方が当てはまるのが、このパターンなのです。

このままが続くのはもう嫌！　と思うのならば、時間を作るしかない、時間を作りだすのは本気の証拠。そして、作り出せないわけがない。時間を作るのも片づけのうちに入るのです。

以前、片づけ依頼のあったお宅へ伺ったら、すぐにその方が、「毎日忙しく、夜寝るのも遅く、キレイにしようと思えばできるのですが、時間がなくてこんな状況になってしまった」と私に伝えました。

よくあることなので、「忙しいと片づけは後回しになりますよね」と答えながら一緒に物の整理を行い、数時間後に休憩をとったときのこと。お茶菓子をいただいているときに、雑談をしながら1日の行動をさりげなく伺うと、仕事から戻ったらまずテレビをつけると「〇〇が始まっていて、それが終わったら別番組の〇〇が始まり、続けて〇〇を見て、23時頃に〇〇の再放送がやっていて、気づいたら日付越していて、慌てて入浴をすると、寝るのが深夜1時くらいになっちゃう」と。

さっき忙しくて時間がない、と言っていたはずなのに……。本人は話の矛盾に気づいていません。だって、「片づけをする時間がない」ことにはかわりはないのですから。

ひとつの番組を観るのをやめたら、約1時間浮きますね。コマーシャルの時間を活用しても数分×数回で10分は軽くとれますね。

このほか、テレビを観なくてもスマホをチェックしている、ネットサーフィンをしている、居眠りをしているなどの時間があると思います。無理せず、わずかな隙間時間を見つけて、1晩1個、1晩1引き出し……という感じでやってみましょう！

ちょいタイムを確保する

朝にゆとりがあると外出前にはベッドメイキングや朝の片づけ、洗濯などいろいろできたりするわけです。そして、帰宅したら、部屋がキレイ、寝るときに寝室がキレイなのは気持ちいいですよね。

でも、現実のところ朝はギリギリに起きて、バタバタで時間どころか心にも余裕がなく、部屋を荒らして出て行く……。で、帰ってくるとその荒れた部屋を見て、どっと疲れる。何もしたくなくて、コートや衣服をその辺にかけて、さらに散らかす……まさに負のスパイラル。

メーカー総合職の女性が、部屋が散らかり放題で帰宅すると疲れるので、現実を直視しないために飲んで帰る。そのまま脱ぎ散らかして寝る。翌朝は、ギリギリに起きて出社する。家に帰れば散らかり放題だから早く帰りたくない……その繰り返しから抜け出したいと言っていました。

疲れるから何もしたくない。ましてや「片づけ」なんて、と多くの方が思うでしょう。そういった毎日の「今日は疲れているから」「今日は何もしたくない」の積み重ねが、結果そう簡単に片づけられない状況にしている。イチローのように「小さな積み重ねがとんでもない大業」になる逆バージョンのように、小さな積み重ねが身動き取れない最悪な状況を招くこともある。

「小さなコトの積み重ね」は侮《あなど》れません。だからこそ、毎晩のちょいタイムを確保することが、あなたの人生の数か月、数年後にどんな影響を与えているのか想像がつくと思います。

疲れて朝は早めに起きられない～という方は、「どうしたらあと10分、20分早めに起きられるのか？」を考えてみましょう。

朝は早く起きているけどなんか時間がいつもないよ～という人は、どこかでもったいない使い方をしていないか、テレビばかり見ていたり、ついついスマホやゲームをずっとしていないか……など改めて行動の見直しをしてみる。そして、生活習慣を少しだけ変える。

これ、とっても大事なことです。1日24時間しかないのですから。

片づいて、モノが選定されて、掃除ができると1日のうちの時間が有意義に使えます!! 日々の暮らしの中に、ムダな時間をチェックしてみましょう。

そうは言っても時間がない、時間があればそんなこと言われなくてもやっているよ~という方も多いのではないでしょうか。しかし、そんなことを言っていたらいつまでたっても同じままです。

ちょこっと、わずかな時間を確保する行動を探してみましょう。

♦ スキマ時間を見つけるためのムダ時間チェック表 ♦

- □ 寝る前に今日1日の行動を時間と合わせて覚えていない
- □ 帰宅後にスマホのバッテリー容量がかなり減った
- □ 何もしていないのに寝る時間になった気がする
- □ 今日も何もできなかったと自覚した1日だった
- □ 帰宅後または朝から部屋の状況が何も変わっていない
- □ 帰宅したらまずソファに座る
- □ 寝るまでソファからほとんど移動していない
- □ やらなきゃと思っていたことが何日も放置してある
- □ 気づいたらリビングで寝ていた
- □ テレビの前から動けない

自分の時間割で、使途不明時間を確認しよう

小学生のとき、夏休みの宿題に何時に起床して、何時に宿題をやって……という時間管理を書かされたように、1日の自分の時間の使い方を夜に振り返って書いてみましょう。

そのときに思い出せない時間があります。

家計簿をつけたことがある方ならおわかりになると思いますが、レシートや領収書がないけれど、残高からさかのぼると何かに使ったお金がある。その項目は使途不明金になりますね。それと同じく、使途不明時間というものがあるはずです。そこが片づけ時間に変われば、日々の暮らし、ひいては人生までもが変わります。**使途不明時間を制する者は片づけが実行できます！**

使途不明時間は多分、スマホをチェックしている時間やなんとなくあてもなくテレビのチャンネルを変えて観ている、ネットサーフィンをしているときだと思います。

記入例

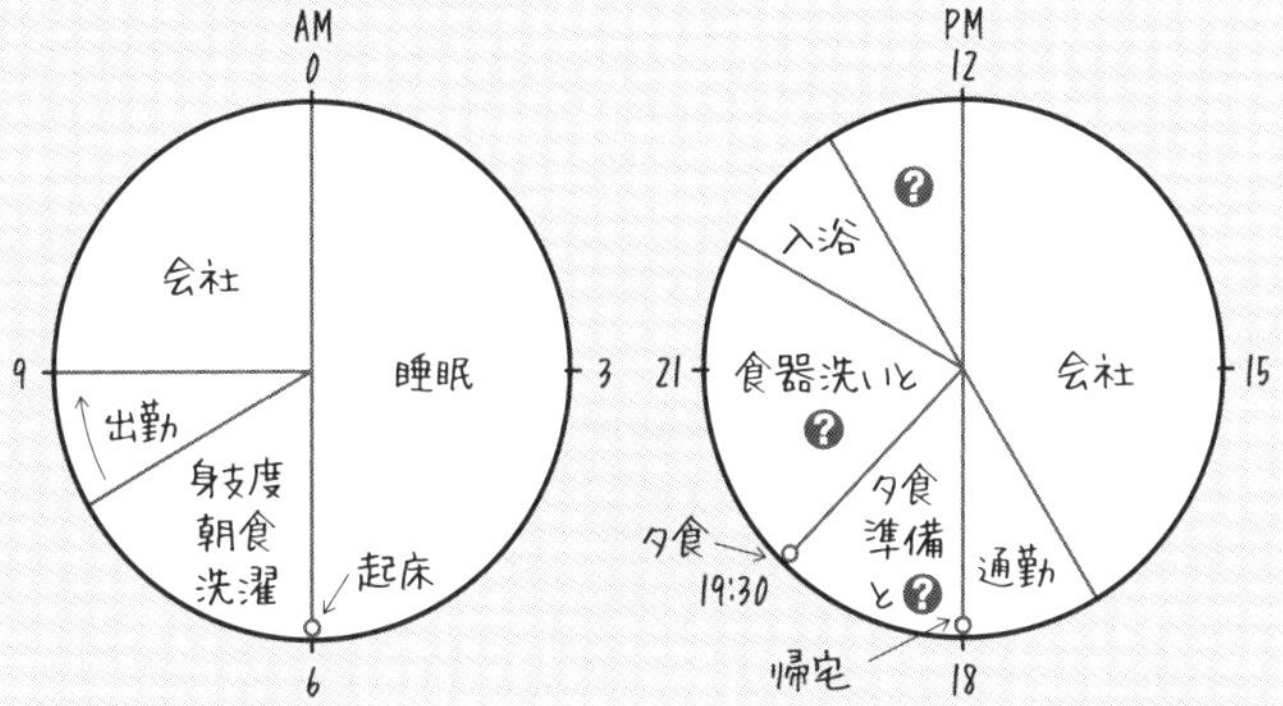

※ ❓ が TV を見ていたり、うたた寝をしていたり、スマホをいじっている時間

書き込み欄

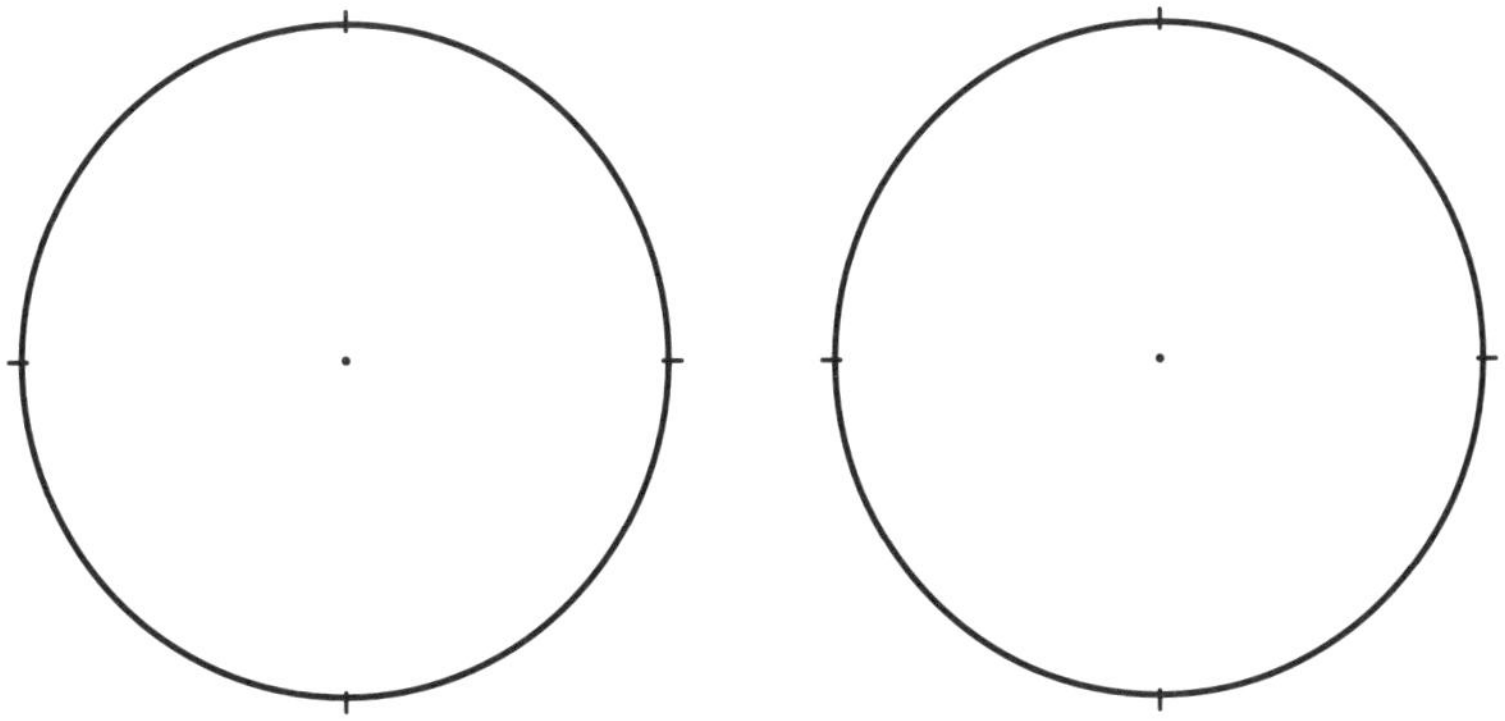

その時間の合計数って意外にあるものです。

たとえば何をしていたのか思い出せない時間が、1日75分あったとすると、1週間で525分（約9時間）、1カ月で2250分（37・5時間＝約1日半）、1年で27375分（約456時間＝19日）にもなります。怖くないですか？　19日間何をしていたかわからないって。2年だと1カ月以上何をしていたかわからないのですから。

今、1カ月片づけに時間を割けるとしたら、家の中は完璧にスッキリしますよね？毎日のちょい片づけが継続されることで1年ないし、2年でできるのです。そんなに長く待てない、数日でやってしまいたい、そう思って長い年月が過ぎているあなた――永遠にその片づけに集中できる数日は来ないのですよ。

テレビ好きさんの〝ながら〟片づけ

「ながら作業」の鉄板です。テレビを観るのは楽しいですが、１時間、２時間あっという間に過ぎていきます。その時間を効率よく使いたいもの。テレビを見ながら整理をする。

ソファやダイニングチェアに座っての何となくのテレビタイム。真剣に観ているわけではないがついテレビの前に座っている。そんな時間を活かしましょう。ＣＭ時間や流し観《み》の番組のときがテレビ好きなあなたの片づけちょいタイムです。

日ごろためがちな紙類の整理などに向いているちょいタイムです。

たとえば、テーブルに置きっぱなしのチラシやＤＭがある人の場合。ＤＭや封筒、プリントなどはトレイやボックスを用意してそこに日ごろとりあえず入れておきます。

そして、先ほどのそんなに真剣に観ないテレビ番組のときに座りながら、ボックスやトレイをテーブルに置きます。ハサミと足元にゴミ箱を用意して。封を切る、プリントを開くなどして仕分けをしていきます。不要な紙類はゴミ箱へ。宛名部分が気になる方は住所、氏名部分だけをテレビを見ながらハサミでチョキチョキ。これが即効の仕分け術です。

返信するもの、保管しておくものなどテーブル上で分類していきます。返信するものは後回しにせず、テレビを見ながらＣＭ時間などに書き込み、返送なら封筒に入れ糊貼りして、カバンに入れてしまう。ＦＡＸなら送信してしまうなどします。１時間番組であればその間に十分に終わります。

毎日これができれば紙類がたまることはありません。

ちなみに保管は何でもしてしまうと増える一方ですから、「保管」「一時保管」するの基準を自分で設けておき、一時保管をする場所はコンパクトにして大量に保管できなくしておきましょう。

夜にちょい片づけをするために

朝のゆとりある活動が苦手だから夜なら――とは、実は簡単にいかないと思います。なぜなら、人には習慣というものがあり、その習慣を破る、変えるということはとても難しいからです。

簡単なたとえなら、喫煙や食後に甘い物を食べること、ついついスマホをいじってしまうこと。煙草をやめよう、甘い物を控えよう、スマホは1日1時間にしよう――。そう決めてもなかなか守れる人はいませんね。

夜の時間帯は、時間でみると何か行動を起こすゆとりはあるのですが、「疲れたから」「見たい番組があるから」「夜くらい休ませてよ」というういろんな言い訳が聞こえてきそうです（笑）。

すでにリラックスモードに入ってからは、わずかな数分でも体を動かすのが億劫だと思うでしょう。わかりますよ。私も昔はそうでしたから。遅い夕食の後にまったりとソファに座って、テレビを観ていたら、アッと言う間に1時間とか2時間経過。そして、茶碗を洗うのが面倒くさい。ひどいときはお風呂に入るのも面倒くさい……(笑)、となっていましたから。

その「面倒くさい」は変わります。

私のブログをずっと愛読してくださっている読者さんには、セミナーなどでお会いするとよく言われる「ソファに座らないんですよね!?」。

そうなんです。いちどソファに本気で腰かけると、そこから動けなくなります。動くとしたら横になるだけ。だから「やることをやらない限り、腰かけない」と決めてもう数年は経っていますが、習慣になったので、まったく苦になりません。

ダラダラしてムダに過ぎていく時間が毎晩たっぷりあります。非常にもったいないです。刻一刻と自分に与えられた時間は過ぎていきます。たとえば平均寿命まであと30年としたら、(365日×30年×1日のダラダラ時間およそ3時間として)32850時間。それを考えたらダラダラしていられません。だって、その時間アルバイトだったりしたら時給千円として3200万円ほどになります!

第4章

「帰宅後の動線」や「モノの配置」を変えるだけで、部屋が見違える！

散らかす前に、散らかさない

夜の片づけが少しずつできるようになったら、今度は夜の時間もラクになれるように、**帰宅したときから「元に戻す」とか「整理する」という習慣の流れをつけていきます。**

働いていたり、子どもの関係で学校や習い事など外出したりする頻度が高い方は、帰宅後に流れでいろいろやってしまうと後がラクです。どうせしなければならないことなら後回しにせずにサッサとやってしまうということ。

よくモデルさんや女優さんなどにスタイルの良さの秘訣は、とか若々しさを維持するコツは、といった質問に、必ず「特別なことはしていませんが、しいて言えば……」という答えが返ってきます。聞いているほうは特別なことをしないでそんなスタイルであったり、美貌《びぼう》であったりするワケがない、と思うのでしょうが、ある意味本当のことなのです。

たとえば、エレベーターを使わずに階段を利用するとか、ご飯はお茶碗の7分目くらいをよそうとか。ずっと継続している習慣なので、本人からすると「特別」感はなく、特に言うこともないと思っている。「しいて言えば」の後に続くのは、最近取り入れたことになるのです。

長年片づいた住まいで暮らしている人に質問しても返ってくる答えは、「出したら戻す」とか「毎日掃除をする」といった当たり前のことであり、できない人からするとそれができないから聞いているのに、ということになります。

片づけられるクセを帰宅後から。外出着を片づける、買い物をした品をしまう、朝の残りの状況をきれいにする、など意識せずにできるようになってきたら、もう片づけは特別なことではなく、普通の暮らしがそのまま散らかさない生活になっていくのです。片づけられなかった人にとっては、これはもう魔法の習慣です。

帰宅直後の行動から片づけは始まっている

あなたは日ごろ帰宅をすると玄関に入ってからどうしますか？　1日の行動を振り返ってみてください。

まずは上着やカバンをその辺においてソファにどっかりと腰かけますか？

缶ビールを冷蔵庫から取り出して飲みますか？

この類のパターンはこの後、片づけなどの活動はできません。夕食後も同じくです。「ご馳走様でした」と立ち上がって洗い物をすぐにするのか、お腹いっぱいだからとちょっと休むのか。満腹になって、うたた寝など「横になって休む」と最後。もう動けませんね。

だから、**横になって休むのは、外から戻ってきたときではなく、家の中のことも含めて1日のすることが終わってから初めて横になって休んでください。**

多くの人は外で働いているのだから家ではゆっくりさせてよ、と。確かに職場ほどきびきび動かなくてよいですが、家の中だって、きれいに整える、生活しやすくする、というのは大人であれば当たり前のことです。その当たり前を忘れていませんか？

帰宅して休んで、寝る前に何かを一生懸命やろうとしても気持ちは「何もしたくない」モードになっています。**横になる前、座ってしまう前にちょっと戻す、ちょっとよける、ちょっと拭き掃除をするというようなことを意識してほしいのです。**

行動というのは、はじめは「やらなきゃ」という意識からです。夕食後ゆったりしたいと思うのなら、帰宅時にやるべきことの多くを行うなど、どこかでバランスをとります。

買い物から帰ったら、袋から買った物をすべて出し、仕分けてしまう。食品ならトレイから出すものは出し、小分け冷凍などもその場でやってしまう。衣類なら袋に入れっぱなしにせず、出して値札をとり、掛けるなり、たたむなり、洗濯カゴに入れるなりします。

そうしないとどんどんやるべきことがたまって、結果散らかっていくのです。

たとえば、私の帰宅後の動きはこうです。

食品を買い物して帰った場合は、一度キッチンに買い物した物を置きます。

通常はまず、靴を揃えて、スリッパを履いて、帰宅した状態（カバンもコートもそのまま）で寝室（自室）へ向かいます。

コートがある場合は、コート掛け（オフィスとかにあるポールに枝のようになっていて何着か掛けられるタイプ）にコートを掛ける。

カバンは、日頃使っているリュックなら机の横にフックを付けたのでそこに掛ける。日頃使いのバッグでない場合は、中身をカゴにあけて、定期と鍵は引き出しに、ハンカチは洗濯カゴに。そのバッグはクローゼット上のバッグをしまう無印のファイルケースに戻す。

そして、ジャケットやジーンズなど洗濯しない物は掛ける（すぐに他と一緒にかけずちょっと消臭剤をかけるなどしてドアや窓あたりに一旦掛けておき、就寝前に他と一緒の場所に掛ける）、洗濯するものは洗濯カゴへ。部屋着に着替える（すぐ家事をする場合はエプロンもつける→エプロンのポケットにスマホを入れて音楽を聴きながら家事をするために）。

キッチンに向かい、買い物した物は、冷蔵庫や食品庫などそれぞれにしまう。すぐに家事をしない場合でもキッチンに行って、コーヒーを入れる。という流れ。そして、絶対にソファに座らない。コーヒーは立ち飲みかちょいとベンチみたいな場所で腰かけるか、机に向かうか。

ちなみに夜、机に向かって財布からレシート、領収書などは必ず抜いて、財布はスッキリさせます（レシート、領収書は山になっていますが……）。

私の帰宅後の動線

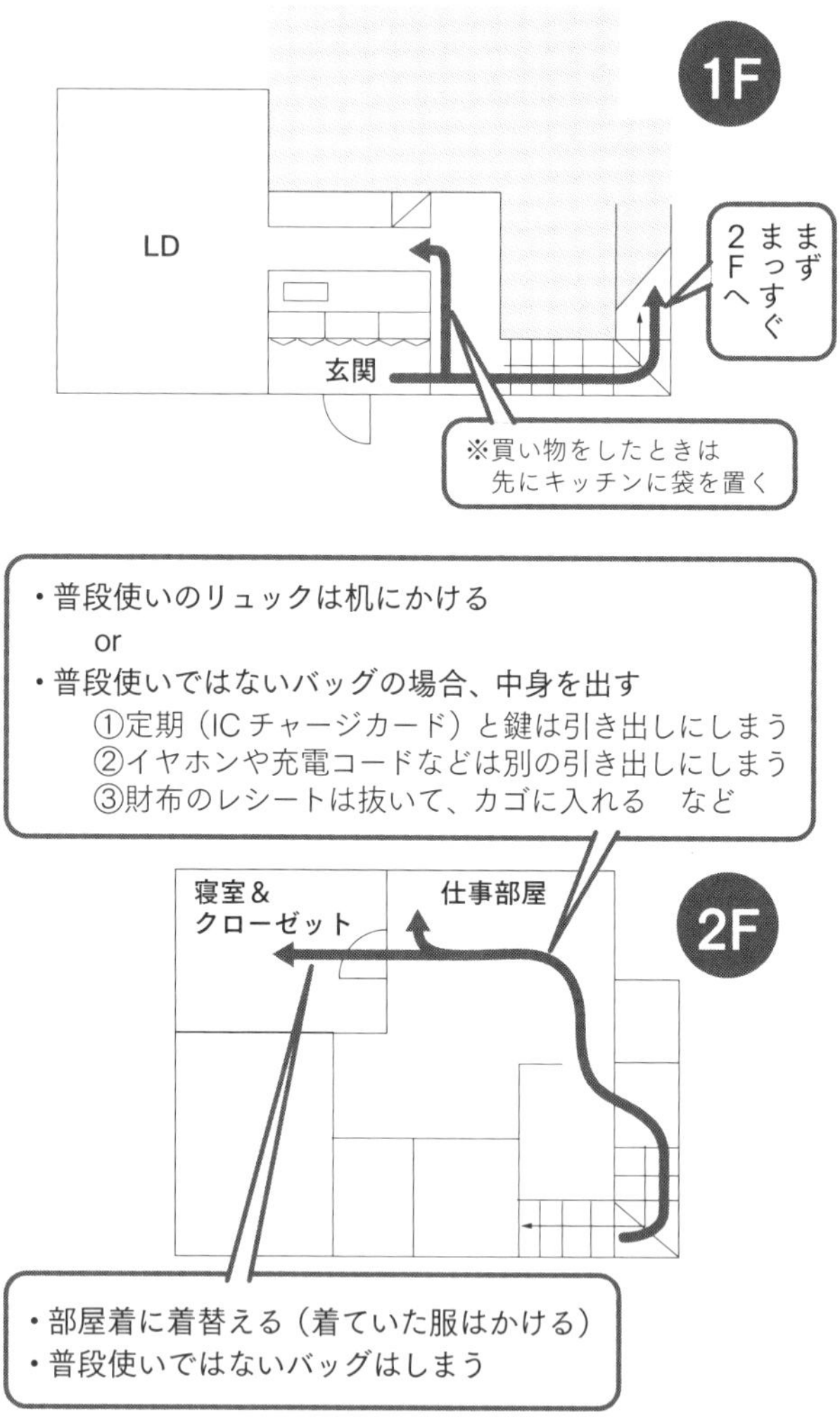
1F
LD
玄関
まず
まっすぐ
2Fへ
※買い物をしたときは
先にキッチンに袋を置く
・普段使いのリュックは机にかける
or
・普段使いではないバッグの場合、中身を出す
①定期（IC チャージカード）と鍵は引き出しにしまう
②イヤホンや充電コードなどは別の引き出しにしまう
③財布のレシートは抜いて、カゴに入れる　など
寝室＆
クローゼット
仕事部屋
2F
・部屋着に着替える（着ていた服はかける）
・普段使いではないバッグはしまう

ある女性の動線

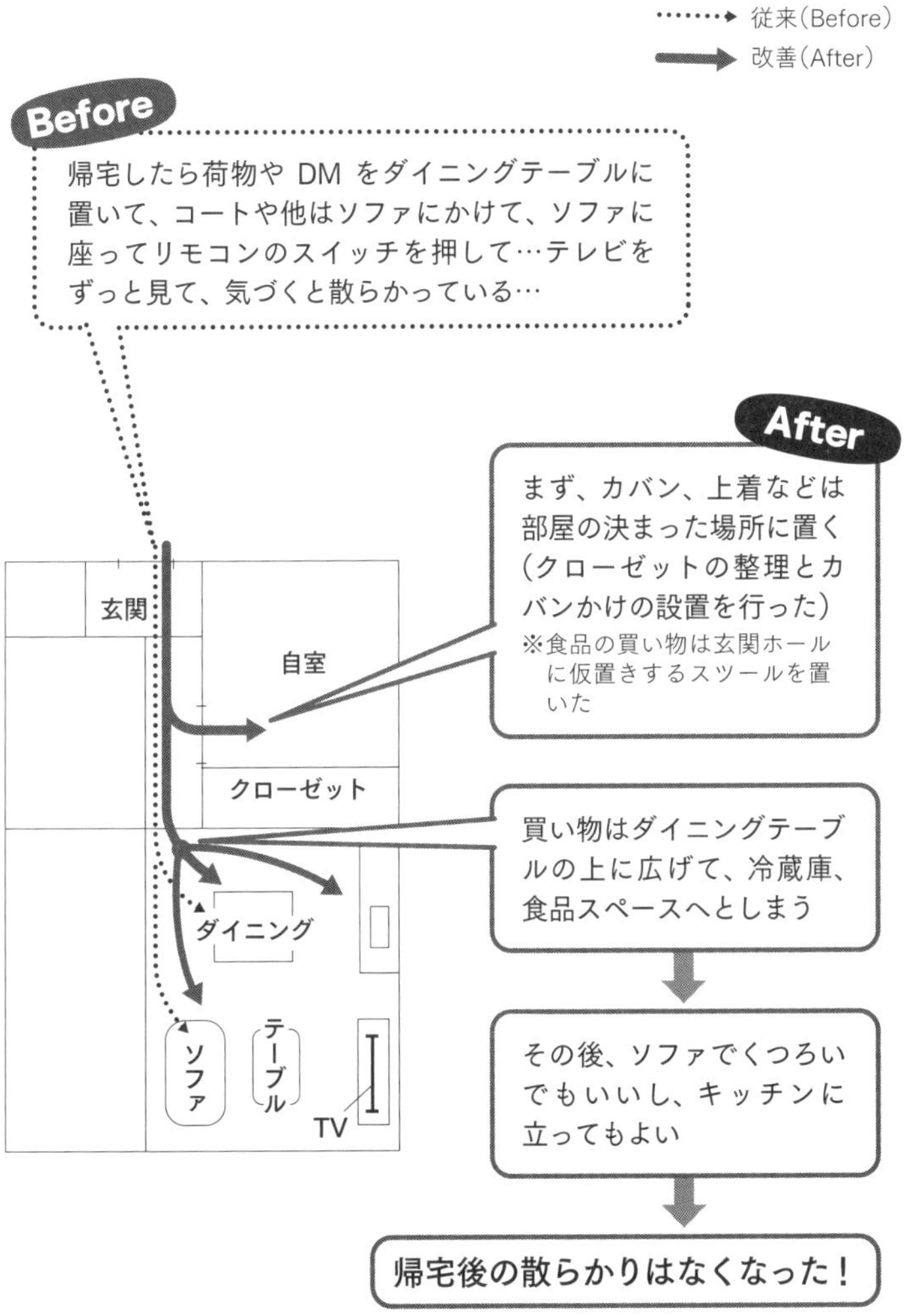

従来(Before)
改善(After)
Before
帰宅したら荷物や DM をダイニングテーブルに置いて、コートや他はソファにかけて、ソファに座ってリモコンのスイッチを押して…テレビをずっと見て、気づくと散らかっている…
After
まず、カバン、上着などは部屋の決まった場所に置く(クローゼットの整理とカバンかけの設置を行った)
※食品の買い物は玄関ホールに仮置きするスツールを置いた
買い物はダイニングテーブルの上に広げて、冷蔵庫、食品スペースへとしまう
その後、ソファでくつろいでもいいし、キッチンに立ってもよい
帰宅後の散らかりはなくなった!
玄関
自室
クローゼット
ダイニング
ソファ
テーブル
TV

バッグの中身の置き場を決める

慌ただしい朝に急いで準備を済ませ、いざ外出しようと玄関に向かうと、「鍵がない」「交通カードがない」と、またバタバタする。あちこち探して、結局家を出る時間がさらに遅れてしまう……そんなことが、いつも当たり前になっている女性がいました。

ちょっとゴミを出しに行く、コンビニに買い物に行く、そんなささいな場面でも鍵を家中探しまわっています。とってもムダな時間ですね。彼女は、帰宅したら鍵を、なんとなくその日の気分で、適当な場所に置いておくというクセがありました。

その**クセを「決まった場所に置く」に変えればいい**のです。鍵の失くし物が多い人は、玄関の壁などに「掛ける」と埋もれることがないためオススメです。

また、家の中でスマホを行方不明にさせる女性もいました。そこで、家の固定電話から鳴らして見つけるということをいつもしていたのです。マナーモードにして音が鳴らなくしてあるときは最悪です。いつまで経っても見つけられません。

そのようなことにならないためにいつも**持ち歩く物はまとめておくためのボックス（かご）**を用意します。

帰宅後は、バッグの中身をすべてボックスに移します。そして、就寝前に、ボックスの中身を整理。飴やガムのゴミが入っていたら捨てる。ハンカチは交換する。ポケットティッシュは減っていないか？　などを確認。財布のレシートや領収書は抜いておく。こうするだけでバッグの中はいつもキレイです。

また、そのときに併せて使わない物を持ち歩いていないかを確認してほしいのです。通勤やちょっとした外出なのに、いつも大荷物を持って歩いている女性をよく見かけます。

荷物量と家の中の状態は意外にも比例します。「何かあったら」と思っていろいろバッグに詰め込んでいるのでしょうが、なければないで何とかなります。それに慣れていくと家の中の物もそう思えてきます。

そして、バッグも同じく決まった場所にしまいしょう。バッグの定位置を決めてあげてください。帰宅後、あるときは台所のテーブルに、またあるときはリビングのソファの上に、またあるときは寝室の床に……というように置いたりしていないでしょうか。

せっかくブランドものの良いバッグを持っているのに、つぶれている、型崩れしている残念な状態で保管されている方もいます。中身を出したら、型崩れしないように決めた場所にしまうことでバッグも長持ちします。

バッグの中の何かを家で使う時は、ボックスごと持ち歩くか使ったら必ず戻すようにします。朝、外出する時は、ボックスの中身を丸ごとバッグへ。

そうすることで、探し物がないどころか完璧な状態で外出できます

旅行、出張から戻ったらカバンをしまう

スーツケース、旅行バッグは大きく場所をとります。出張や旅行から戻って疲れたから置きっぱなしにして明日やろう、後から片づけようと思って放置していませんか。長期間放置している人もいます。そうこうしているうちに次の出張日がやってきて、違うスーツケースを出して旅立つ。こういった方に限ってスーツケースや旅行バッグをたくさん持っています。

床に広げているだけで半畳から一畳分は確実に場所をとります。いつかは片づけないとならないのだから、帰宅直後にスーツケースや旅行バッグをしまって寝るクセをつけてください。

帰宅したら、洗濯物を取り出し洗濯カゴへ。スキン、ヘアケア品は洗面室へ。お土産は家族に渡す。

私は、スーツケースをたくさん持ってはいませんが、以前は数日放置していたこと

もありました。年間を通して毎月最低1回は出張があります。スケジュールが詰まっているときは、海外出張から戻った翌日に国内出張で出発して、帰宅して1日おいて研修旅行だったりとなんだかよくわからない月もたまにあります。そんなときにすべて広げて出かけてしまったら、床はほとんどカバンで埋まります。

そこで、**スーツケースを引き出しにみたて、持っていく物はそれぞれケースに入れて、仕切りのイメージ**にしています。出張に行くときはパーツのように入れる。帰宅したらそのパーツを元に戻すという感じです。

ちなみに出張や旅行専用のスキン、ヘアケア製品はありますか？　ある場合はそれら専用の収納スペースを作っておくこと。

旅行、出張用の荷物のヒント

〈おでかけ専用引き出しをつくる〉

引き出しをかごやケースで仕切る。
もらった試供品やアメニティ、購入したミニサイズの化粧品、クレンジング、シャンプーなど分けて 持っていく品をしまっておく

サイズ違いのポーチをいろいろまとめておく。
宿泊の日数に合わせて使える

〈スーツケースを仕切る〉

それぞれが入るケースや布袋を活用

帰りも同じ位置に洗濯物（着用済）を入れる

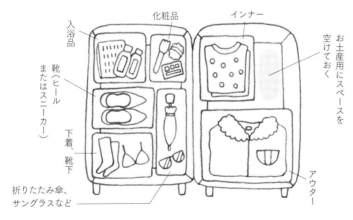

物の配置を見直す

自分のことは自分が一番わからないというように、毎日当たり前と思って使っている、**置いている場所が実は「なぜ？」という配置があります。**

今の収納場所を疑ってみるというのも大事です。

私も実はたまにあるのです。不便なのにいつもそこにある、そうしているから、という日常の慣れです。

先日、机周りの拭き掃除を徹底的にしようと棚の書籍やファイルなどを全部一度出しました。

拭き掃除をして戻すときに、いつもならどんどん戻していくのですが、ふと、なぜ目線の高さにあって物を取り出しやすい棚の位置に読み終えた書籍（再読用）を置いているのだろう、なぜよく出し入れする書類を足元の低い位置に置いているのだろう、と気づきました。たぶん、その配置にしたときは、読んでいない本や繰り返し読む本を忘れないために目線の位置にしまったのだと思います。しかし、今は本の読み返しよりもしなくてはならないことがあり、そのための書類やファイルは足元に配してあったのです。

その時に決めたことは永遠ではありません。**時間経過とともに使う物や重要度、優先度が変わってきます。**夜のちょいタイムに**配置の見直しタイム**を設けてみてください。

散らかりやすい負の場所を変える

テーブルの上につい物を置いてしまう、椅子の背もたれについ上着をかけてしまう、といったことがあるように、「つい」物を置いてしまう場所がそれぞれのお宅に必ずあります。

家の中を見渡してみてください。物が積んである、いろんな物がまとめて置いてある。そんな場所ありませんか？

その場所こそが散らかりやすさを助長している空間なのです。

つい置けてしまう場所がなければ物はたまらず、その辺に置けないため仕方なく元に戻します。**置きやすい場所は、面倒くさがり屋さんには、魔のコーナー**ともいえるでしょう。

では、その魔のコーナーをどうするかということ。

物がある場所に人は物をつい置きがちです。まず、家の中を見渡してみてください。

床やテーブル、棚の上など点々と物を1個ずつは置いていないですよね。物の上に物、物の横に物といったように一塊の山があるはずです。

その一塊の山を日々、崩して、置かないようにしないといけないのです。自分や家族が、テーブルの上につい鍵や交通カードなどを置いてしまう場合は、テーブルの近くに置くスペースを設けるなどの「定位置」を用意します。

もちろん自分含め家族も、今日スタートして今日から、明日から当たり前にできると思わないでください。長年の習慣はなかなか直りません。意識しないと無意識に置いてしまいます。

私は、ＳＮＳのログインパスワードを何年も同じものを使っていましたが、危険性が高いということで1年以上前に変更したのですが、以前のパスワードを無意識に入力して、「以前使用していたパスワードです」と表示されることが多々あります。それだけ、気を抜くと長くしていた習慣で体が勝手に動いてしまうのです。

このほか、冷蔵庫の上や棚の上などは、見上げないと気づかないので自分で忘れている場合もあります。床から天井まで見渡してみましょうね。

部屋の「角」や「端」に〝とりあえず〟の物を置かない

モノを手放さないでスッキリできませんか？　とたまに聞かれますが、収納スペースからあふれでている状態でははっきり言って無理です。それは、コップからあふれたお水をなんとかコップに入れてもらえませんか？　と言っているようなもの。

モノを整理するにあたって、「いる」「いらない」と「とりあえずとっておく」という人がいます。「とりあえず」って、居酒屋でとりあえずビール！　じゃないんだから（笑）。

「とりあえず」でとっておいたモノは、ずっととりあえずのままで家に置いておかれます。だって、使い途のない「とりあえず」なんですから。

つまり、何に使うのか自分でもわからない。自分にとって大切というわけでもない。いつ使うのかも未定。そんな状態のモノだから、いつまでたってもそのモノは「とりあえず」なんです。

「とりあえず」の物は、一旦よけておくという気持ちで、部屋の角に置いてしまいます。部屋の真ん中や通路上に物をどん！　とは置かないですよね。だから、つい角や端に置いてしまうのです。これは、会社やお店などでもよくあるパターンです。

部屋の角に物があるだけで、部屋の面積が小さく見えてしまいます。まさに四角い部屋を丸く掃《は》くというような感じに。

怖いのは、角に物を置くとその上に、その隣にまた物を置きます。どんどん物が増えていきます。そうするとここに棚があったほうがいいんじゃないか？　となるのです。ちょっと待ってください。その四つ角に置いてあった物は、そこから使う度に出し入れしていましたか？　していませんよね。使ってもいないとりあえず的な物を単純に置いていただけですよね？

それなら、収納せずに処分してください。

洗濯物を干す場所や道具を見直す

雨が多い季節、雪が降る地域、夜に洗濯をする家庭、室内干しのおうちは多々ありますね。洗濯物が干してあるだけで、室内は雑然と見えます。

息子さんが3人いて、それぞれがサッカー、野球、柔道をされていました。お母さんは毎日、運動着とユニフォーム、タオル、靴下などを洗います。ものすごい量です。浴室とユーティリティに造ってもらった洗濯干しスペースなんかでは足りません。寒い時期は、翌朝までに乾くように暖房があるリビングにもいっぱい干します。「常に洗濯物を見ながらの食事」と言います（笑）。

また、洗濯物が乾いたらとって直接着ればいい、と掛けっぱなしのおうちもあります。洗濯物を干している場所からとって着る→帰宅して洗濯カゴに入れる→洗濯して、干す→そこからとって着る、という繰り返しのお宅もありました。洋服はいっぱい持っているけれど、いつもその服ばかり、と。

まず、夜のちょいタイムでは、たとえ翌日着るとしても、乾いた洗濯物は一度たたんでしまうようにしてほしいのです。

翌日着るからそのままにしておく、というルールが自分の中でできると、明後日も同じことじゃない？　そのうち着るからそのままでいいんじゃない？　と、ルールはどんどん自分にラクな方向に改善されていくのです。ですから、例外は認めず、ちょいタイムに洗濯物をたたんでしまう、という作業を入れてほしいのです。

あとは、**室内で洗濯物を干すポールや竿、ハンガーなどのしまい場所、**ちゃんとありますか？

掃除機を常に出しっぱなしにしているお宅もありますが、多くの家庭ではしまう場所がありますよね？　それと同じく、室内用の洗濯物干しをしまう場所を見つけてほしいのです。家具と壁の間とか、納戸の中とか。洗濯物を取り込んだら、いったんしまいましょう。大型なので出しっぱなしは部屋が狭くなりますし、スッキリ見えません。「洗濯物を取り込んだら、しまう」をセットでルーティン化しましょう。

配置によって、自然と掃除できるようになる

日ごろ掃除がいきとどかないのは、物が多くて掃除機をかけるのも面倒くさいからです。物がなければ、掃除機でも掃き掃除でもあっという間に終わります。

また、多くの人がどうして、大掃除が大変と思うのか――というと「拭き掃除」が問題なのです。

日々、拭き掃除がいきとどいていると年末は本当に1年に数回掃除すればよい箇所だけですむのでラクなものです。

では、日々拭き掃除ができるためには？

モノが片づいていることです。

片づいていない住まいは100％掃除ができていません。掃除ができていて、モノがあふれている状態って無理ですよね……（笑）？

なので、モノをちゃんとあるべき場所にしまい、床やテーブルやキッチンの上など

に置きっぱなしにしないということ。

たとえば、我が家でいえば、キッチンのワークトップ（天板）上には何も出ていません。食洗機はないけど、水切りカゴもしまう場所があるのですっきりしています。すると、食事の後片づけ後はワークトップ全体を拭いて、シンクや蛇口を洗って、コンロ周りのパネルを拭いて、レンジフードも拭いて、冷蔵庫も拭いて……という一連の流れが短時間ですむのです。これで、モノがちょこちょこ出ていたら？　面倒ではかどりません。

また、掃除道具の置き場所が悪くて出してくるのが面倒くさかったり、掃除道具の後始末（特に雑巾とバケツなど）が好きじゃなくて掃除を後回しにしてしまう。だったら、**それぞれの場所の近くにコンパクトに掃除道具を置いておく**。雑巾が面倒なら、ウェット式の拭き掃除用品で使い捨てにするなど、面倒くさい部分をどんどん省いていきましょう。

家の中に同じ物が重複すると物が増えると思って数を少なくしたいと考えがちですが、**わざわざ取りに行くのが面倒で散らかる、汚れるのであれば掃除用具は、重複し**

てもいいのですぐに、サッとできるように手元に置くようにします。

たとえば、消しゴムのカスが出やすいお子さんの机周りや猫のトイレ（猫砂を使用の場合）の横などにミニほうきとチリトリのセットやハンディクリーナーなどを置く。洗面台には、洗面台を洗うスポンジや雑巾を。ベランダに大きなほうきを。

あちこちに掃除道具があったら家の中に物が増えると思うでしょうが、1カ所にまとめてしまって、出番がなく家の中が汚れるよりも多少増えてもきれいなほうがいい！　面倒くさがりの私は、1階と2階にそれぞれ洗剤などを置いています。わざわざ階段を昇り降りすると面倒なので、100均のカゴにまとめて入れています。ちょっと汚れを見つけて拭きたいなと思ったときに1階に降りて、掃除道具をとって2階に上がって、終わったらまた降りて、とはなかなかならない。本当はそうしたほうがダイエットにはなるのですが……。**気づいた箇所をすぐに掃除するという意味では、各所にあったほうがよい**です。

今日からモノを片づけて、片づけた場所を掃除して、年末はラクしましょう！

コラム 物が物を呼ぶ

「類は友を呼ぶ」ということわざがありますが「物」が「物」を呼ぶ――という現象もあります。これは、部屋のちょっとした空間にできるミステリーゾーンです。

例えば、家具と壁の間、家具と家具の間、床と家具の間や部屋の角、出窓の上、ちょっとした台の上、玄関の端……など。そんな箇所にとりあえずモノを置く。すると、モノが置いてあるから、もう１個くらいいいやと自分もしくは誰かが置く。また、つい誰かが置く。そして、気づくとそこはモノを置く場所ではないのに、いつのまにか収納スペース・物置状態になるのです。

そうなったら、一度そこから全部のモノを撤去しないと永遠に物の置き場と化してしまう。

１つでも残すと同じことの繰り返しです。それらのモノは戻す場所ありますか？　戻す場所を必ず決めて適当な場所に置かないようにしましょう。

第5章

心地よくする
マインド・習慣づくり

部屋は自分の心をあらわす鏡です

片づけをしよう、暮らしをもっと丁寧にしよう、ゆとりある時間をもちたい……これは、心の安定があってこそ思えることです。でも、部屋がキレイだと心が安定するという効果も逆にあります。

わかりやすいのは、茶道です。4畳半、6畳という茶室にあるのは、お湯を沸かす炉と水の入った水差し、茶碗、棗《なつめ》、茶筌《ちゃせん》、茶杓《ちゃしゃく》、菓子器のみというシンプルさ（床の間には、掛け軸と花があります）。そこにいるすべての人は、お茶を点てる主人の作業を見る、そして何もないから存分に目でみて、香りをかいで、味わう五感がフルに動きます。これが散らかった部屋で、テレビがついていて、ちょっと昨夜の焼肉のニオイがあって……という状況で一服点ててもらっても美味しいのか美味しくないのか、いいお茶なのか、インスタントなのかわからないと思います。

それだけ、部屋の在り方ひとつで感性が大きく変わってくるということ。まさに「居は気を移す」（孟子）という言葉通りです。

そして、物が少ないと、丁寧に暮らすことができます。丁寧に暮らすというのは、自分を大切にしているという自己肯定感の現われでもあります。

物の数が少ないと維持管理に関わる時間がとられないので暮らしの時間が生まれ

る。厳選された物だけだと、一つひとつの物を大切に扱うから動作がゆったりとする。そして、大事に使おうと手入れをする。部屋がきれいだから、草花を飾るとさらに映えるため草花を生ける時間を持つ。など、**物の維持管理や片づけ、掃除にいつも追われていた時間が、美しい環境を維持しようという時間に切り替わるのです。**

人が見ていない家の中で丁寧に暮らしているのが日常になるとやがてそれは習慣となり、品となり、内面の美しさも出てくるのです。

なんとなく、ガチャガチャという表現があっている人っていませんか？　落ち着きがないなとか、所作がうるさいとか、いつも荷物いっぱい持って歩いているとか、そういった人の多くはちょっと荒れた部屋で暮らしているように見えてしまいます。

どこか１部屋でよいので、まず心が安定するようなスッキリとした部屋を作ってください。この部屋にいると落ち着くわ～と思ったら、他の部屋に行きたくなくなるので、その気持ちのまま他も片づけていくことで全体が片づいていきます。

きれいで心地よいという気持ちを自ら落とし込んでください。

良い習慣を作ることは人生が豊かになること

片づけにしても、掃除にしても、食生活にしても、何でも良い習慣というのは結果人生を豊かにしてくれます。

「人生を豊かにする」ってどういうことでしょうか。

「豊か」という言葉で、お金持ちや有名人を想像しませんか。世の中には「成功している人の○○習慣」だとか、「一流の人の○○習慣」というような書籍もたくさん出ています。確かに成功している人の習慣をマネすることもオススメの一つですが、自分が思う「豊か」とか「成功」の感覚が実はわからないため、良い習慣もそうあれたらいいな、というところで終わってしまうのではないでしょうか。

私が思う「豊かな人生」とは、気がついたら1日が終わっていたのではなく、朝日のまぶしさを感じ、食事の美味しさを味わい、感謝し、感謝され、泣き、笑い、夜は月の美しさにみとれる。そんな何気ないことを実感できる毎日に気づけることが「豊かさ」なのではないかと思います。

そこに気づけるのは、時間にゆとりがあるから。ゆとりのある時間はまさに片づけからなのです。


日ごろできていることから逆に考えてみてください。

あなたが毎朝している歯磨き、洗顔。これらが、毎朝なかなかできない。やりたくない、面倒くさい、後回しにしよう、とする。そうなると学校や会社にも行けなくなるかもしれません。行けても周囲からはだんだん嫌がられるでしょう。すると、だんだん外に出る気力もなくなってきますね。そうすると自分の人生の幅を狭める。つまり、豊かさには程遠くなってしまう。

子どもの頃から小さな習慣の積み重ねで行動がスムーズになり、行動先が広がっていきます。その広さが、豊かさになるのだと私は思うのです。

片づけができる、朝に時間が有効に使える。これも行動が身軽になり、豊かになっていけるのではないでしょうか？

片づけと収納の順番を間違えない

毎晩、ほんのわずかな場所でいいから溢れている物を見直す。棚の上にいろんな物が載っているな、とか、テーブルの下に紙袋が置きっぱなしになっている、と気づいた箇所の物を整理していく。それだけで365日後には家の中が見違えるほどスッキリしています。

セミナーのときに片づけの話をメインにすると、「収納についてもっと聞きたかったです」という声を帰り際にいただいたり、収納の話をメインにすると「片づけ方を詳しく知りたかったので次回は！」という方もいたりと聞きにくる方の状況はさまざまです。

収納の話を聞きたいという方は、おおむね家の中が片づいているから片づけの話より収納！　となるわけですね。

ただし、片づいていないのに収納について知りたいというのはちょっと待ちましょう。もちろん、話を聞く、知識を得るのは全然オッケー！　だめなのは、片づいていない状況でモノを無理に収納してしまうこと。それは、収納スペースが不足しているからと新たに収納グッズや収納家具等を買ってしまうから。

物が多いのに、収納に力を入れるということは、物を詰め込むコツを知りたがっているということ。**順番からいくと片づけ（整理、仕分け）⇩収納**となります。

できるだけ、床面積を減らさないためにも収納家具を買い足さずに、今ある収納スペース（押し入れ、物入れ等）、収納家具、収納グッズの中に入る量に収めること！

これが、整理・仕分けになります。部屋が狭いと感じる方は、収納家具やグッズの数の見直しもしてみましょう。

入りきらない、収まらないのは量オーバーです。量を減らさずに、そこをなんとかしようとするから、家の中が散らかっていくのです。

今、家の中は片づけと収納のどちらを選択する状況ですか？

物の片づけは物を移動させることではない

リビングに物がいっぱいあるから隣の和室へ置く、納戸にしまう。それで片づいた気になる人が多いようです。確かにリビングは片づきました。はたして、家の中の物の総数は変わったでしょうか？

いっつも片づけをしているという人は、家の中で物を単に移動させているだけなので、こっちが片づいたけどこっちは散らかっているということになるのです。総数は減っていないのですから、いつまでも片づけが終わるワケがない。

物を移動する場合は、こっちの場所に置いたほうが「使いやすいから」という、そのひとつの理由しか認められません。こっちの収納が空いているから「とりあえず」で移動はさせないということ。

移動はいつまでも使わない物を持ち続ける理由になります。

「いつか使う」ではなく、今日から使う

片づけの最大の敵は、自分の中にある「いつか使うかも」という気持ちで、とっておいてしまうこと。だから、どこのお宅へ行っても紙袋や割り箸や試供品やその他諸々がいっぱいあります。

いつか使う割には数がとても多いですし、いったい、いつ使うのでしょう……。使いたいと思っているのであればしまいこむのではなく、すぐに使えるようにスタンバイしておくことです！

たとえば、化粧品の試供品。女性の家では非常によく見かけます。しまいこんでしまったら、出番はほぼありません。日頃のメイクコーナーに置いて現状使用している化粧品が切れたら、新たに買いに行く前に試供品を使うようにしませんか？

たいてい、旅行や出張などに持っていこうととってあるといいますが、しまいこんで持っていくことを忘れたり、しまってあること自体忘れていたり、ホテルにアメニ

ティがあるのでそれを使って、ただ、試供品を家からホテル、ホテルから家へ移動させただけ（笑）という女性もいます。

そうなってしまわないために、「もったいない」「いつか使う」と思うのであれば、積極的にせっせと使ってしまうこと。化粧品は、肌に直接つけるものですから、1年以内には使用したいですね。

買い物ライフスタイルを見直してみよう

物が増える原因はなんといっても買い物です。せっかく整理して減らし、片づけてスッキリしたのに半年後にはまた物が増えている。それは、あなたの買い物への考え方に問題があるのかもしれません。

習慣で特に必要な物、足りない物がなくても買い物へ出かけたり、帰宅途中でついコンビニに寄ったりしていませんか？

また、買い物がストレス発散になっているという人。回数を減らしてみる、買い物をするなら花にしてみるなど、残らないものを選び、無駄買いストレスをシフトしていきましょうね。

無意識に買っていると家の中にモノは増える一方です。

買い物の仕方について、ちょっと確認してみましょう！　ひとつでも×がついたらダメですよ!!

◆ 食品・日用雑貨編 ◆

- □ 買う物が決まっていなくても毎週必ず決まった曜日にスーパーに行く
- □ 新製品がでるとついカゴに入れてしまう
- □ まとめ売りで安くなっていると食べきれないとわかっていながら買う
- □ セールをしているから買う
- □ 見切り品だから買う
- □「とりあえず」買う
- □ 在庫があるか覚えていないから買う
- □ パッケージが可愛いから買う
- □ CM で見たから買う
- □ カゴいっぱいにしないと気がすまない
- □ チラシが入るとスーパーへ行く

♦ 衣類編 ♦

- □ ２着目以降○％オフだからと欲しい服がなくても２着買う
- □ 手持ちの服とコーディネートできるかどうかわからないけれど気に入ったから買う
- □ バーゲンだから買う
- □ 流行りのデザインだから買う
- □ ○点限りだから買う
- □ 自分ではイマイチと思ったが、「お客様お似合いですよ」と言われたから買う
- □ クローゼットの中に何が足りないか把握せずシーズンだから買う
- □ 服を買うつもりではないのに、ウィンドウショッピングをしてしまう
- □ 旅先（特に海外）だから買う

食器の数を減らすだけで、空間が生み出される

食器の数も、若い世代～ご年配まで女性の悩みのタネでもあるようです。

可愛い食器、素敵な食器は見るとつい買ってしまうし、とっておきたいモノですよね。でも、揃えるとキリがありません。私も20代の頃は海外旅行先でウェッジウッドのピーターラビットシリーズの食器を買ったり、通販で童話シリーズの食器を申し込んだりしたほか、当時は結婚式の引き出物に食器が多く、絵柄や雰囲気がバラバラな食器がどんどんたまっていました。結局今は、白い食器＋ちょっと色、柄ものの食器が少しだけで落ち着いています。

日ごろ使う食器の種類は決まっています。使いやすい大きさや形状、気に入った触感。高い食器は割るのが心配だから、安い食器や粗品、景品の食器から使っているご家庭も多い。でも、安物の食器ってなかなか割れません。だから、使わない食器は

ずっとしまったまま……。しまいこんだ食器は、無いに等しい。いつも使っている食器で十分なので、使いこんだ食器としまいこんだ良い食器を入れ替えるか、使っていない食器をバザーなどに出すかしないと、数が多いままです。

以前、築30年を超えた住宅をフルリフォームするという奥様から、大型の食器棚が2台の他に箱に入った食器が多々あるのですが、どうしたら？　という相談がありました。処分する気持ちになれないから相談にきたのでしょう。

まずは、来客やお子さん家族がよく食事に来るかどうかを確認し、まず来ないということでしたので、食器棚1台分にしてしまうこと。思い出の食器は厳選して、リビングボードのガラス扉の中に飾る。残った食器は、これからカフェをオープンさせようとしている方を紹介して差し上げることで解決しました。

日ごろの献立の品数を考えて、持つ食器の数、種類を絞っていきましょう。今夜から、たとえば棚一段とか、種類別で小皿からとか。

素敵な食器はしまいこまずに、日ごろの食事にどんどん使って。いつもの肉じゃがや豚バラ炒めでも高級食器を出すことで、ちょっとだけ盛り付けも気を使うので見た目がいつもより美味しそうに見えるというマジック効果もあります！

食器を整理して、食器棚の中の拭き掃除もしちゃいましょうね。何年も食器棚の中を拭いていないおうちも結構あると思います。捨てるのは……という方は、一度段ボールに入れて押し入れなどにしまっておいてください。2〜3年先まで一度も開封しなければ、思い切って手放しましょうね!!

食器の数が減れば、ストック食材やキッチン雑貨などを食器棚にしまうことができるため、キッチン天板に載せてある物が移動でき、スッキリすることが可能

掃除用具を厳選する

片づけ宅へ伺うとやる気はあると思われる掃除道具（洗剤やグッズ）が多々揃っています（物が多いお宅は、新製品や便利グッズが好きなため、物が増えるという特性もあります）。

しかし、使っていない、どうやって使っていいか、どんなときに使うかわからず、放置していることもしばしば。

「これがあれば掃除ができる！　家の中がきれいになる」という希望的観測で買ってみたものの、道具が掃除をしてくれるわけではないんです。掃除をするのは、まぎれもなくアナタなのです。ですから、どんなに汚れが落ちる強力洗剤を買おうが、簡単にできるという掃除グッズを買おうが、人間がやらない限り、道具が勝手に掃除をしてはくれないのです。

ロボット掃除機という勝手に掃除をしてくれる製品がありますが、これも床の上に物が散らかっていないことが前提です。わが家にもありますが、家具の周りやベッドの下など人間の手が届きづらい箇所もきちんと掃除してくれる優れものですし、コンピューター内蔵ですから、部屋の掃除をしていない場所を読み取って全部吸い取ってくれ、さらに自分で充電に戻ります。

同じく拭き掃除のロボットもあります。留守中や他の作業をしているときにやってくれるので便利ですが、片づいていない住まいでは、ムダになるのは目に見えています。決して安い買い物ではない掃除機の出番をなくしているのは自分自身なのです。

物の数で考えるのか、スペースで考えるのか

物の整理をするときに、どれだけ減らせばいいかと考えますよね。

私のセミナーで、「洋服は何着くらいあれば？」「タオルは何枚くらい持っていれば？」と具体的な数字を求められることがあります。

すべての持ち物に数を決めるというのは大変なことです。自分のポリシーがあれば別ですが。

たとえば、バスタオル一つにしても、毎日入浴またはシャワーを浴びるのか、家族で同じタオルを使うのか、個人で使うのか、毎回交換するのか、洗濯は毎日するのか、週に2～3回なのか。などなど、それによって持つ数も大きく変わってきます。

つまり、毎日入浴をして、家族は4人で個々でタオルを使い、2人は毎回交換する、2人は3日に1回交換し、洗濯は毎日しているという家庭ならば、最低4枚あれば足ります。ただし、天候が悪かったり、乾燥機の調子が悪く、乾かないことを想定する

と6～8枚ということになります。

それに対してスペースに入る分だけ持つ。バスタオルをしまう棚があったとします。その棚のバスタオルコーナーに入る分だけを持つということ。足りなくなりそうになったら補充をする、など。

〝数〟で決める物としては、予備がいらない物。たとえばあたりまえですが、多くの家庭で炊飯器は1台。ならばセットで使うしゃもじも1つでいいと思います。

食品のストックも箱やケースに入る分だけとする。オーバーするほど買うと、あふれてそのへんに置き、散らかる原因になります。

締め切りを持つ

きちんと目標をたてて、動いていかないとあっという間に1年が終わってしまいますね。今年こそおうちをすっきりさせたいという方、この機会に目標を持ちましょう。

まず、「すっきりしたい」「片づけたい」という気持ちだけでも前向きな証拠。あとは、その前向きな気持ちを持続させ、少しずつでいいから行動づけること。

たとえば――3月の下旬に子どもと一緒に子ども部屋を整理する。5月に物置や納戸を整理する、といった具合です。

日々のちょこちょこではなく、頑張ってやろうとする期間を年に数回設けます。

そして、その日のごはんはコンビニ弁当！　宅配ピザ！　と決め、ほかの家事はやりません。「集中」です。スケジュールをたてて、崩さない、やりきるように。

1カ所できていくと自信になり、きれいになることでモチベーションもアップしますよ。

「数字」で考える

毎日1個捨てる、引き出しを一段チェックする、など数字をつけると明確になります。何でも失敗するパターンは、目標と行動が曖昧であること。

たとえば、ダイエットや旅行。「やせる！」と決めて、続かない。それは、「やせる」という目標がまず曖昧であること。何キロ、何センチ、いつまで……という数字の設定をしないと、どうやって達成しようかという具体的な日々の行動につながりません。

貯金も「お金を貯めて旅行に行こう」では、今月はムリ、来月は少し残した分を貯金しよう、となりがち。それでは、いつになったら旅行に行けるかわかりません。2年後に家族でハワイ旅行に行くために、40万円必要。だから、毎月またはボーナス時にこれだけ貯めるという額がわかると実行力もついてきます。

数字を入れることで、どう行動すればいいのか具体的に進められるものなのです。

片づけを数値化する

片付けの目標と行動計画を具体的に決めます。単に目標が「整理する」では、あれもこれも「要る」ととっておいて進まないはずですから。

1：片づけを完了したい月日と目標を決める。
2：次に具体的な行動計画を、月ごと週ごとなどに決める

（例）

目　標　○月○日までにリビングをスッキリさせる

行動計画　☆週ごと○月○週まで、段ボール1箱分の不要品を整理する
○月○週まで、リビングの床にある物を収納するか処分する
☆月ごと○月まで、毎週10Lのゴミ袋1袋分の物を処分する
○月まで、カラーボックス1個を手放す

※毎日の計画を立てると無理があるので、週単位くらいで調整

目　標

月　　日までに　　　　　　　　　　をスッキリさせる

行動計画

までに　　　　　　　　　　をする

までに　　　　　　　　　　をする

※カレンダーに書き込んでもOK！

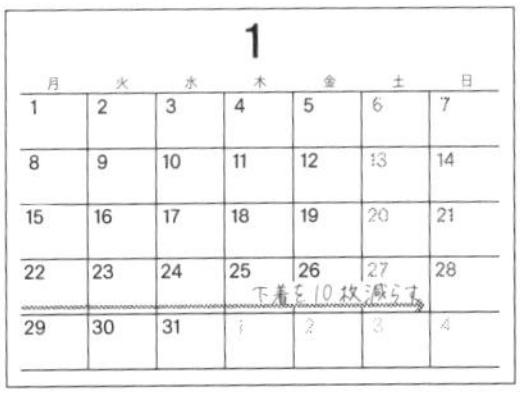

使用期限を決める

初詣の際かどんど焼きの日までに昨年の破魔矢やしめ飾りなどを神社で焼いてもらおうと持っていきますね。

実は、今まで片づけに伺ったおうちで、さすがにこれらをとっておいている方はいませんでした（出し忘れはいますけど）！

なので、こういう類のモノは手放すものだと認識されているわけです！　しめ飾りなどは年末～正月の間だけ使用するものという、期間があります。そして、一応信じる、信じないは別として、どんど焼きに出さなければ……という迷信みたいなものもあります。

でも、その他のモノは使用期限がないし、この日まで絶対に手放さなきゃ！　という思いはありません。逆に手放すといけないことのように感じてしまうから、捨てられないのですね。

捨てられないモノ、つまり使っていないモノ、使えないモノ、使わないモノ……これらも自分で使用期限を決めてしまうのです。

世間一般の期限ではなく、自分の持ちモノだから、自分にとっての使用期限「いつか使える」ではなく、「もう、十分使った」「使うことはない」に置き換える。

今から今月で期限の切れるモノ、来月で期限の切れるモノと、自分で決めて毎月少しずつモノを手放してみませんか？

「出したら戻す」はやっぱり当たり前

物を「出したら、戻す」。

これができれば家の中は、散らからない。しかし、できないから散らかる。すごく単純なことなのに、なぜできないのでしょうか?

答えは「面倒くさいから」です。

人はやり慣れていないことはすべて面倒なのです。毎日必ずしていることは山のようにありますよね? たとえば、着替える、歯を磨くなど。でも「面倒くさい」とは思いません。

お子さんを例にすると、おもちゃを出してそのまま放置。リビングが散らかってお母さんが怒りますね。まず、出したら戻すという行為がセットになっていない（習慣づいていない）。自分でおもちゃを出して遊んだら戻すという行為を、自分でできるようになるまで教えていなかったから。幼稚園や学校では出しっぱなしの子どもはいません。

すでに大きくなってしまっている場合は、ただ出しっぱなしにしていても本人は困らないから。踏んで壊された、片づけないから捨てられたというような経験がなければ誰かが片づけてくれるし、おもちゃも失くならない。

この理由は、大人も同じ。家族がいれば誰かが片づけてくれる。一人暮らしなら誰にも迷惑がかからないし、怒られないから、と。子どもじゃないのだから、やっぱり「出したら戻す」を実践できるようになりましょう。

戻すのが面倒と思わないためには、可能な限り「使う場所の近くに」が基本です。

コラム 家族にルールを徹底させる（自分だけがガマンしない）

自分ばっかり片づけて、家族が協力してくれない、よくあるパターンです。片づけに対する温度差が家族内で違っているのと、片づけは主婦の仕事、お母さんのやること、と思われているのもあります。

子どもであれば、幼い頃から自分でやらせていればそれが当たり前。お母さんがついつい片づけていればそれが当たり前。そう認識します。

外食店や販売店などのサービスも当たり前ですね。「注文を席まで聞きにくるのが当たり前」のサービス。しかし、今では食券を入り口で買ったり、レジで注文するお店があるのも当たり前に浸透。

そのように「自分で出した物は自分で片づける」という当たり前を浸透させなければなりません。子どもが小さければ早いうちから軌道修正が可能ですが、親や夫などは自らやってもらうためにはかなり労力がいります。親や夫に「やってほしい」とお願いをする“甘え力”が必要になってくると思います。

面倒くさがりだから物を持たない、という選択

「私は面倒くさがりなんです」と言って、家の中をきれいにしている女性がいました。「掃除とか整理収納が好きじゃない。だから物を持たないんです。物をいっぱい持っている人って片づけが上手なんですね！」と、片づけられないのに物を抱え込んでいる人には嫌味のような発言です！　これを書く私にも意図的なものが(笑)……。

そう言われるくらい本当は単純なこと。掃除や片づけが苦手、嫌いだったらモノを持たなければいい。それだけのことなのに――。虫歯になってから歯科医にいくと、治療に何度も通わないといけないし、痛い思いもする。しかし、定期検診に通っていれば短時間で、痛い思いもせず、簡単な治療で終わります。

片づけも掃除もためるから大変なことになるのです。日々、ちょこちょこ整理していれば時間もとられない、面倒くさくないのです。

物の数が少ないのが正しいわけではありません

帰宅して、寝るときに、起きたときに部屋を見て、「片づけなきゃ」という気持ちになる。そして、ため息になるか、「やらなきゃとわかっているのに」自分はなんてダメなんだろうと、無意識下の自己否定。さらに極めつけは、ずっとやらなきゃいけないと思っているから、いつも締切に追われるような気持ちになる……。

疲れますね。心から休めないのです。どこかにずっと罪悪感があるから、知らず知らずのうちにストレスとなっています。ストレスになるくらいだから、「片づけなんてやりたくない」ともっと思ってしまうのです。

だから、「頑張らなきゃ」ではなく、毎晩のちょい片づけで気軽に「少し」を継続することでストレスと部屋の散らかりを解消しましょう。

「片づけ＝物を減らす」という図式は半分正解で、半分は曖昧な答えです。なぜなら、元々の物量というのは個人差があり、理想とする住まいと物の量も個人の気持ちに左右されるからです。

少なければ「すごい」と言われますが、それが正しいわけではないのです。たまに、「何個持てばよいのですか？」と聞かれます。それは、なんとも言えませんね。

私が提唱しているのは、「掃除がスムーズにできる」「持っている物をすべて場所と合わせて覚えていられる」数であること。そして、家の中が寂しくないこと。あまりにも物がないと「生活」という温かみが感じられなくて心がどんどんわびしくなっていく気がします。

あなたにとっての「適量」を見つけてくださいね。

いつもと違うことをしてみる

また、いつもの日常が始まるわけですが、その「いつも」を「いつもじゃない」にしてみませんか？　たとえば、いつもは朝ごはんを食べないで忙しく出ていくのなら、菓子パンと紅茶だけでもいいから朝ごはんを食べてから出る。簡単な朝ごはんだった人は、品数を増やすとか盛り付けをきれいにするとか。段々とレベルを上げていく「いつもとは違う」日常に仕上げていくのです。

このほか何かを続けてみるのです。

たとえば、毎日花を飾ってみる。これ、女性は結構モチベーションあがります。

自分の朝食はスムージーを作る。すごく、体調とお肌によいです。常にフルーツと葉野菜を常備する。無農薬にこだわって、借りた土地で農園を始めた人も！

それから自宅で昼食を摂る人は、自分1人の昼食を丁寧に作る。ゆったりとしたランチタイムを毎日、自分のご褒美にする！　なんか贅沢な気持ちになりますよ。

なかにはお友達もたまに呼んで、評判になりカフェを始めた人もいます!!

このほか、

・ウォーキングをする
・習い事を始める
・人の悪口を言わない
・怒りそうになったら、10を数える

などなど、なんでもいいです。何か続きそうな小さなことから手始めに。そして、心にゆとりが少しできたら片づけを。ゆとりがあると、整理しやすいんです。モノに対する執着心が少し薄れてくるから。

もちろん、ゆとりがあると人にも優しくなれます。

まず、今年1年かけて（かけなくてもよいです）。おうちをすっきりさせるために、毎日の暮らしに何かゆとりの時間を持ってください。これも自分スケジュールに組み込むこと。時間が空いたらやってみよう、ではいつまでたってもダメなんですよね。

是非、今夜からでも一歩をふみだしてみませんか？

あとがき

あなたの「片づけ」が今夜から変わります

ひと昔まえからずっと続いている片づけブーム。テレビでも雑誌でも特集がよく組まれています。「片づけ」をしないとならない。そんな雰囲気に追い込まれてはいないでしょうか？

「片づけられない」から、「すぐにできない」から、私はダメなんだって落ち込んでいませんか？

学校のお母さん方向けに呼ばれた講演会で私は、「多少汚くてもお母さんが笑っていれば、それで良し！」と言っています。キレイな住まいにしようとするあまり、目をつり上げて家族に無理強いをし、居心地を悪くさせるくらいなら、少しくらい（←ここポイント。ゴミ屋敷でもいいと言っているわけではありません（笑））散らかっていても笑顔のあふれる家のほうがいい。誰でも、後者がいいに決まっていますよね。

家の中に完璧を目指すあまり、散らかることに神経を使って、心に余裕がなくなっては、「家庭」という意味がありません。住まいは、モデルハウスではないのですから。片づけようと思う気持ち。その気持ちを少しずつでも行動に移す。そして、継続させる。ちょっとずつ、一つずつでもやってみようと思える気持ちと実行力が大事なんです。

今スマホで、インスタをアップしたり、ブログを書いたり、LINEを使ったりしている方、とても多いと思います。スマホを購入した日にいきなり活用できましたか？　そんなことありませんよね。周りに教えてもらいながら、ちょっとずつできるようになっていきましたよね。

片づけだってそれと同じ。教えてもらっていないんだもの。最初はできなくていいんです。

一度にできる人、ゆっくり進める人。それぞれです。世の中に方法が一つなんてことはありません。だから自分に合った方法を見つければいいのです。

片づけの結果はメリットだけです。片づくと本当に気持ちがいいし、時間にもゆとりができる、ムダ遣いも減ります。それをあなたにも経験してほしいのです。本当にこれからの暮らしが全く変わりますから。

だまされたと思って今日は、テーブルの上だけ、引き出し一段だけ整理してみる。その積み重ねが、半年後、1年後には片づいた住まいに変わっている。今日、明日にすべてキレイにしようとせず、焦らないで、じっくりと取り組む。4日目で挫折しても、5日目または6日目からまた始めればいいのです。

ゆっくりと毎日を楽しむように片づけをしてみてください。

最後に——

今回も前著に引き続き、事前予告もなく（笑）「3冊目が決まりました」と企画してくださった編集部の手島智子氏、出版支援の糸井浩氏のお二人には大変お世話になりました。それから、いつものように母と娘の支えがあり執筆時間がとれたことに感謝しています。あと執筆期間にかまってあげられなかった愛猫たち、ごめんなさい。上海で一緒に仕事をしている池田理事、金理事にも仕事と執筆が重なり苦労をかけました。周理事は、前著の広報宣伝をありがとうございました。他にもその期間にお手伝いしてくれた皆さん、ありがとうございます。

ブログ読者の皆さまが、「新刊はいつですか？」と楽しみにしてくださるから、書きたいことを綴ることができました。書籍の読者の皆さま、編集部の皆さん、イラストレーター、印刷所、書店ほか多くの方々のおかげがあって、こうして念願の単行本の出版も叶いました。

本当にありがとうございます。

すべての皆さんに感謝を。

広沢かつみ

著者紹介

広沢かつみ
片づけ、収納コーディネートや5S研修を行うコレモッタ㈱代表取締役。片づけ、整理収納に関する講座を開催する（一社）日本専門家検定協会代表理事。

「片づいていること」の大切さを伝え続け、セミナー、講演会、個人宅レッスンにと引っ張りだこである。

『玄関から始める片づいた暮らし』『服が片づくだけで暮らしは変わる』（共に小社刊）も大好評。

本書は、自身が朝が苦手なことから見出した、夜でもできる片づけのコツをまとめた。翌朝の爽快さをぜひ、あなたも体感してください。

ずっとキレイが続《つづ》く
7分《ふん》の夜《よる》かたづけ

2018年9月1日　第1刷

著　　者　広《ひろ》沢《さわ》かつみ
発 行 者　小澤源太郎

責任編集　株式会社 プライム涌光
電話　編集部　03(3203)2850

発 行 所　株式会社 青春出版社
東京都新宿区若松町12番1号 〒162-0056
振替番号　00190-7-98602
電話　営業部　03(3207)1916

印　刷　中央精版印刷　　製　本　大口製本

万一、落丁、乱丁がありました節は、お取りかえします。

ISBN978-4-413-23099-5 C0077